KB047194

경북대학교 아시아연구소(CASKNU)
아시아총서 제2집

인도의 사회와 경제

경북대학교 아시아연구소(CASKNU)
아시아총서 제2집

인도의 사회와 경제

정 동 현

서경문화사

　몇 년 전 인도의 JNU(Jawaharlal Nehru University)에서 1년간 한국 경제발전에 관한 강의를 할 기회를 얻어 1년간 체류하게 되었다. 인도로 떠나던 그때까지만 해도 그 나라는 많은 사람들에게 호기심 가득한 미지(?)의 나라였는데, 돌아와 보니 BRICs의 일원, IT 강국 등의 수식어가 붙어 있는 기회의 나라로 변신해 있었다. 인도에 관해서 아는 사람이 희귀한 사정 때문에 그 짧은 경험도 소용 닿는 데가 있었다. 그래서 가끔 강연도 하고 발표회에도 참가하고 글도 몇 편 쓰게 되었다. 전문가의 시각에서 보면 빈약한 내용들이었겠지만 그 글들을 모아 조금 가감첨삭을 하여 이 책으로 엮는다.

　한때 하늘이라도 찌를 것 같았던 인도에 관한 관심이 글로벌 금융위기와 함께 많이 잦아든 것 같다. 또 아웃소싱의 메카, 소프트웨어의 강자로 부상 하던 그곳에도 금융위기와 거의 시기를 같이하여 몇 가지 불행한 사건들이 일어났다. 인도 IT 업계의 상위권을 지키던 Satyam, Wipro, Megasoft Consultant사들이 불미스러운 일에 휘말린 사건들이다. Satyam은 회계분식으로 이윤을 위장 해 온 사실이 밝혀져 곤경에 빠졌다가 Tech Mahindra라는 회사에 인수되는 불운으로 끝이 났고, 나머지 회사들은 부당거래를 한 사실이 드러나 제재를 받음으로써 타격을 입었다.

미국발 금융위기가 세계경제에 암운을 드리우기 시작 한 이후 자칭 타칭 경제 전문가들의 고담준론들이 다양한 진단과 처방을 내놓고 있다. 그 견해들의 공통분모는 마치 세계가 종말에라도 다가가는 듯한 공포의 목소리 아니면 자본주의가 옛날의 모습을 벗어버리고 전혀 새롭게 태어날 것이라는 예측들이다.

그러나 지난날에 대한 관심을 조금이라도 갖고 되돌아보면 역사는 끊임없는 위기와 도전에 직면하면서 진행되어 왔다는 사실을 발견하게 된다. 그런 관점에서 보면 이번의 위기도 상당한 대가야 치루겠지만 어떻게든 극복 될 것이고 그 재연 방지를 위한 제도적 수정 위에서 인류는 지금까지 살아 온 것과 같은 삶을 계속해 갈 것이다.

이번 위기의 발단은 파생상품을 통한 신용창조가 엄청나게 창출되는 가운데, 미국의 일부 대형 금융회사들이 리스크가 아주 높은 정크본드 수준의 저급 증권들을 그럴듯하게 포장 하여 세계에 팔아 넘긴데서 출발했다. 이제 각국 정부는 그런 사기행각에 가까운 금융거래의 횡행을 막는 노력을 할 것이고 그런 정도의 조정위에서 세계경제는 또다시 굴러 갈 것이다. 그러나 그런 수준의 조정이 결코 자본주의의 본질을 뒤흔드는 변화는 아닐 것이다. 그런데도 세상은 호들갑으로 요란하다.

이런 비관적 분위기에 비례해서 인도에 뜨거웠던 관심도 시들해 진 것이 아닌가 하는 느낌이 든다. 상황이 어려우니 인도 경제도 얼마간 주춤하기는 하겠지만 인도는 항상 그 자리에 있을 것이고 또 그 경제도 그렇게 굴러 갈 것이다.

이번 위기를 통해 분명히 확인된 것은 세계경제의 무게중심이 아시아로 적지 않게 옮겨 왔고 또 앞으로도 계속해서 이동해 올 것이라는 점이다. 세계경제에서 아시아 경제력의 비중이 더욱 더 커진다면 그 속에서 인도의 몫은 만만치 않을 것이다. 물론 걸어가는 길목 굽이마다 굴곡이야 없을 수 없겠지만 말이다. 우리는 그런 눈으로 세계와 그리고 인도를 바라보아야 하지 않을까.

책으로 엮으면서 보니 내용들이 많이 부족하다. 시간이 나는 대로 앞으로 더 다듬겠다는 다짐으로 자기변명을 한다. 이런 내용을 총서로 발행하겠다는 경북대학교 아시아연구소 측에 감사를 드리고 또 연구 분위기를 만들어 보려고 헌신적으로 동분서주해 온 연구소장 임대희 교수에게 고마움과 함께 경의의 마음을 전하고 싶다.

2009년 4월

鄭 東 鉉

목 차

제1장
복잡한 사회구성과 다양한 면모

1. 두드러진 특성들

▮관용적이나 종교만은 절대적

인도는 국토의 넓이도 광대하지만 정치 사회 문화 인종 언어 종교 등 모든 면면들이 참으로 다양하고 복잡한 나라이다. 여러 가지의 이유로 과장되고 윤색되어 그 본래의 모습 중 잘못 알려진 내용이 많은 나라가 인도이기도 하다. 철학, 예술, 요가 등 정신적인 특성이 강하게 부각되는가 하면 지극히 현실적이고, 또 종교적인가 하면 다른 한편으로 지나치게 세속적이다. 그런데 인도의 대다수 사람들은 비교적 온순하며 다른 민족이나 문화에 대해 비교적 관용적이다. 열 번을 따지고 항의를 해도 인도사람이 화를 내는 것은 보기 힘들다. 그 관용의 특성은 다음의 사례에서 두드러진다.

우리나라에서는 외국으로 나가려는 자국민이나 고국으로 돌아오지 않는 미국유학생들을 마치 조국을 저버리는 사람들인 것처럼 달갑잖게 생각하던 무렵에 인도의 정치 지도자는 돌아오지 않는 미국 유학생을 두고 두뇌유출(brain drain)이 아니라 두뇌은행(brain bank)이라면서 관대한 해석을 하였다. 그 해석은 선견지명이 있는 탁견이었다는 사실이 지금 입증되고 있다. 인도의 경제성장을 뒷받침하고 있는 IT산업의 발달에는 구미 선진국, 특히 미국에 진출한 고급 두뇌들의 역할이 결정적이었기 때문이다. 한때 실리콘 벨리 전문 인력의 커다란 비중을 점하고 있던 이들이 고국으로 많이 돌아와 창업에 참여하였는데, 실리콘 벨리에서의 기술 훈련과 경영 경험 그리고 거기서 형성된 인적 네트워크 등이 인도의 성장에 크게 공헌하게 되었던 것이다.

비폭력적이며 관대한 인도인들도 신앙과 종교적 관습이 공격을 받거나 위협을 받을 때는 격렬하게 저항하며 폭동과 살인과 전쟁에까지도 치닫게 된다. 종교에서는 힌두교도가 인구구성에 있어서 절대다수를 차지하고 있으며 이방인의 눈에는 그들의 일상생활 자체가 종교로 비친다.

1984년 인디라 간디 수상의 저격과 뒤이은 보복전도 종교 문제와 관계가 깊다. 판잡 주 주민의 대부분은 시크 교도이다. 터번으로 머리를 둘둘 말아 감아 올린 모습의 인도인들이 시크이다. 이들 중 극렬 집단이 판잡의 분리 독립을 요구하면서 테러와 살인이 횡행하게 되었다. 분리 독립 요구의 명분 뒤에는 경제적 이해관계가 있었는데, 이것이 종교문제와 결합되면서 물리적 저항으로 나타난 것이었다. 판잡 지방은 일찍부터 관개사업이 시행되어 경제적으로 매우 부유한 지역으로 성장했지만, 누진세 제도에 따라 많은 세금을 부담하면서도 중앙정부로부터 혜택은 그만큼 돌아오지 않는데 대한 불만이 종교 갈등을 부채질 했던 것이다. 저항이 거세지자 중앙정부가 반군 집단의 지도자 빈드란왈레를 각종 테러를 조종한 주범으로 체포하려 했다.

중무장을 한 그 무리들이 시크교의 성지인 암리차르 사원에 피신하여 저항을 하던 중, 이들의 진압을 위해 인디라 간디 수상이 파견한 군대와의 총격전에서 빈드란왈레를 포함해 1,000여 명이 목숨을 잃었다. 1984년 6월 3일이었다. 수개월이 지난 10월 31일, 시크 교도 경호원 2명이 군대를 파견한 데에 대한 보복으로 출근길의 간디 수상을 저격했고 그 날로부터 3일간 밤낮에 걸쳐 델리에서는 성난 힌두교도들이 시크교도들을 살해하는 잔인한 살육전이 연출되었다.

식민지 시대에 일어났던 세포이 난 역시 종교적 관습이 존중받지 못했다는 불만에서 폭발한 것이었다. 이때 영국인들이 인도 통치를 위해 훈련시킨 인도 용병이 세포이였다. 그런데 영국인들이 1차 독립전쟁이라 이름 붙인 반영(反英) 저항전쟁, 즉 1857년의 세포이 반란을 일으킨 장본인이 세포이(인도병사)들이었으며, 그 발단은 제삼자들의 눈에는 우스꽝스러운 것이었다. 영국인 장교들이 장병들에게 탄약통 청소를 명령했는데 그 탄약통을 닦는 기름이 발단이 되어 대규모 저항운동으로 까지 발전하게 되었던 것이다. 힌두교도들은 신성한 소의 기름을 사용한다고 반발을 했고, 무슬림들은 부정한 돼지기름이라 해서 흥분하기 시작했던 것이다. 이렇게 해서 폭발한 항쟁 때에 영국군 편에서서 세포이들과 충성스럽게 싸운 군대 또한 시크 교도로 편성된 인도 군사들이었다. 무엇하나 단순한 것이 없는 복잡다기한 면모를 지닌 나라가 인도이며 다양한 갈등 뒤에는 종교가 큰 몫을 하고 있다.

▌뿌리 깊은 카스트제

인도사회가 해결해야 할 가장 큰 숙제이면서도 여전히 풀지 못하고 있는 것이 카스트 문제이다. 아리안 족의 인도대륙 정복에 따라 드라비다족 등 토착민들은 이를 피해 다른 지역으로 이주해 갔거나 아니면 피정복 노예 계급인 수드라로 전락했을 것이다.

이 카스트 개념 속에는 세습되는 직업에 의해 분류되는 자티(jati)가 포함돼 있으며 그 종류는 3천 가지에 이른다고 한다. 즉 동일한 카스트는 다시 수많은 자티로 세분류되는데 최상위 카스트인 브라만도 상하의 신분으로 세분되며, 어떤 지역에는 그 지역에만 존재하는 지역 고유의 자티도 있다. 이처럼 인도의 카스트는 외국인으로서는 그 정확한 성격을 파악하기가 참으로 힘든 복잡한 제도이다.

재생족(twice-born)이라 불리는 상위 3계급은 힌두교 의례에 따른 성년식을 통해 "두 번째로 탄생하게 된다"는 오랜 관습을 여전히 지키고 있지만, 산업화에 따라 이들 3계급 사이에는 사교 및 기타 사회활동에 있어서 차별이 많이 없어 졌다. 원래 다른 카스트끼리는 서로 결혼을 하지 않으며, 동석하여 같이 식사를 하지 않는 것이 기본 수칙이다. 지금도 결혼 문제가 등장하면 여전히 카스트가 견고한 구속력을 발휘한다.

배우자를 찾는다는 신문의 광고 난을 보면 "카스트에 구애받지 않는다"는 조건을 앞세우는 사례도 눈에 띄지만, 절대 다수는 배우자의 조건으로서 동일 카스트를 제시하고 있다. 그리고 브라만 계급의 소수 부유층은 지금도 다른 카스트가 자기 집에 문턱출입 하는 것조차 허용하지 않을 만큼 배타적이다.

카스트가 서로 다른 남녀가 고향에서 멀리 떨어진 도시에서 생활하다 만나서 결혼을 하는 경우는 간혹 있다. 이 때 상위 카스트 쪽의 배우자는 부모와 친척에게 알리지 않거나 알리더라도 혼인식에 참석을 하지 않는다. 그런 결혼을 하는 것과 동시에 가문과 소속 카스트로부터는 축출(out-caste)되어 버리는 것이다. 세월이 많이 흐른 후 이제는 노여움이 풀렸겠거니 하고 고향을 찾았다가, 그 결혼으로 집안을 망신시켰다고 생각하는 친척에 의해 그 부부가 다 피살되든가 아니면 부부 중 한쪽 배우자가 피살되는 것은 지금도 심심찮게 일어나는 사건이다.

그런가 하면, 인도의 최고 명문가 후예인 네루 전 총리의 무남독녀 인디라 간디는 영국 유학 중에 만난 파르시(Parsi) 교도 배우자와 결혼하여 아버지 사후에 총리로서 오랫동안 인도를 통치하였으며, 그녀의 장남 라지브 간디 역시 유학 시에 만난 이태리인 배우자 소니아와 결혼했다. 라지브의 미망인 소니아 간디는 남편이 저격당한 후 인도 제일 정당인 국민회의당을 이끌어 왔으며, 2004년의 총선에서 승리한 이후에는 사실 상 인도 제일인자의 지위를 유지해 오고 있다.

카스트 분쟁과 관련하여 그 핵심이 돼 온 대상은 브라만 크샤트리아 바이샤 수드라의 4단계 카스트에서 제외된 불가촉천민(untouchables)이다. 4단계 계급에서 제외된 또 다른 카스트 중에는 옛 토착민의 후예로 지금도 산간지방 등에서 문명과 등지고 사는 부족민인 트라이벌(tribal)이 있고, 기타 각 지역에 산재해 있는 여러 낮은 카스트의 하층민들이 있는데 이들을 통틀어 OBC(other backward castes)라 일컫는다. 다양한 이들 하층 카스트 중에서 정치 사회적으로 세력권을 이루고 있는 것은 불가촉천민이다. 법률상으로는 1956년의 헌법 제17조에 의해 이들에 대한 차별이 철폐되었지만 현실에 있어서는 여전하다.

이 계급은 애초에 판차마스(panchamas)라 불렸으나 오늘날 널리 알려진 호칭은 '손으로 접촉하기에 부정한 존재'라는 뜻의 불가촉천민이며, 남부 일부 지역에는 멀리서 이들을 바라보기만 해도 부정하다고 생각하는 브라만들이 없지 않다고 한다.

이 오랜 폐습을 타파하려고 무던히도 애를 썼던 마하트마 간디는 이들을 '신의 아들'이라는 뜻의 하리쟌(harijan)이라고 불렀고, 독립 후에도 불가촉천민이라는 호칭을 금하고 공식적으로는 지정 카스트(scheduled caste: SC) 그리고 트라이벌은 지정 부족민(scheduled tribals: STs)이라 부르도록 법으로 규정하는 등 노력하였으나 오랜 세월에 걸쳐 굳어져 온 관습의 잔재는 쉽게 없어지지 않고 있다.

불가촉천민 스스로는 '억압 받는 대상(the oppressed)'이라는 뜻으로 달리뜨(Dalit)라 부르는데, 이 카스트 중에서 그 출생의 한계를 극복한 사람이 예외적으로 없지는 않다. 2002년 7월 16일에 임기만료로 물러난 나라야난(K. R. Narayanan) 전 대통령과, 네루 정부에서 법무장관을 지낸 영국 변호사 출신의 암베드카르(B. R. Ambedkar) 그리고 우타르 프라데시(Uttar Pradesh)의 주 수상 마야와티(Mayawati)가 대표적인 인물들이다.

서양 선교사의 도움으로 어렵게 학교를 다닌 나라야난은 우여곡절을 거쳐 영국에 유학하여 런던 경제대학(London School of Economics)에서 사회주의 경제학자 라스키 교수로부터 사사 받았으며 라스키가 네루에게 추천하여 등용된 후 보사부 장관, 주소(駐蘇)대사 등을 역임하였고 뒤에 대통령직에 까지 올랐다. 그런데 나라야난 대통령이 버마 여성과, 암베드카르가 미국여성과 결혼한 것은 어떻게 해석해야 할지 모르겠다. 암베드카르는 달리뜨들에게서 간디보다도 더 추앙을 받는 인물로서 2003년에는 그의 생일이 공휴일로 지정되었다.

전국에서 가장 인구가 많은 UP(Uttar Pradesh) 주의 주 수상(Chief Minister)인 마야와티는 2008년 현재 53세로, 2007년에 4선을 기록함으로써 달리뜨 카스트의 대표적 리더로서 정치적 입지를 굳혀 왔다. 2008년 4월에 있었던 총선 캠페인에서는 "이제는 우타르프라데시로 부터 델리로(UP is ours, now we are going for Delhi)"라는 구호를 외치면서 공공연히 대권도전을 선언했으며, 그 가능성이 없지도 않는 것으로 받아들여지고 있다. 마야와티의 이러한 선전(善戰)은 커다란 상징적 변화라 하지 않을 수 없다.

▋카스트의 사회적 기능

연전에 차별철폐 운동가들이 유엔 인권위원회에 호소를 하는 등 불가촉천민 문제를 국제여론화 하려고 하는 노력을 하자 정부는 인종문제(racism)와 카스트는 별개의 문제라는 명분을 앞세워 이를 저지하려고 하여 갈등이 빚어진 적이 있다. 차별철폐 운동가들은 카스트에 의한 차별도 인종차별과 마찬가지로 출생에 기인하는 것(based on descent)

이므로 그러한 정부의 입장은 논리적으로 옳지 않다고 반박하는 등 논쟁이 오고 갔다.

인도 땅에서 한 때 불교가 크게 융성했던 것은 모든 인간의 평등을 주장했던 교리 때문이었으며, 오늘날 일부 힌두교도들이 이슬람이나 시크교 또는 기독교로 개종하는 배경에는 하층 카스트로서 받아야 하는 차별에서 벗어나려는 소망이 있을 것이다. 힌두교 외의 다른 종교에서는 카스트를 인정하지 않기 때문이다.

직업으로 다시 세분되는 자티에 따라 불가촉천민들 상호간에도 조금 나은 자티 신분이 그 보다 조금 못한 자티를 경멸하고 차별을 하는 현상을 발견하게 된다.

피정복민이 천민계급으로 복속된 이후부터 카스트제가 엄격히 유지되어 왔으므로 종족의 혈통 역시 엄격히 보존되어 왔을 것이다. 그래서 하층 카스트 천민들은 대개 얼굴빛이 검고 체구가 작고 깡마르다. 수천 년이 지나도 그 유전자는 변함없이 이어져 내려오고 있는 것이다.

달리뜨들의 인터넷 구혼 사이트에는 "흰빛의 얼굴(fair complexion)을 한 배우자를 구한다"는 남녀 구혼자들의 광고문이 종종 눈에 띄는데, 이 해묵은 숙제의 청산이 쉽지 않은 단면을 보여 주는 자그마한 예들이다.

나라야난 전 대통령이나 암베드카르 전 법무장관과 같이 예외적인 인물들이 능력과 노력에 의해 사회적 직위에 있어서는 그 장벽을 극복했지만 눈에 보이지 않는 견제와 비협조 등으로 그들의 업무수행이 결코 순조롭지는 않았을 것이다. 어쨌든 이 문제는 단순하지 않은 나라 인도의 가장 두드러진 특징 중의 하나이고, 이로 인한 불행한 사건들은 지금도 그치지 않고 있다.

인도 각지의 거리를 거닐면서 보면 눈에 들어오는 인도인의 인종적 면모는 퍽 다양하다. 북으로는 히말라야가 병풍처럼 막아 서 있고 나머지 삼면은 바다여서 외부와 차단된 지형을 하고 있는 인도 땅에는 옛날부터 주변 여러 지역의 많은 인종들이 흘러 들어와 이곳에 정착하여 살아 왔기 때문이다. 그래서 사회학자들은 이런 현상을 빚은 인도 땅을 '속이 깊은 그물(deep net)'이라 부르기도 한다. 이렇게 흘러들어 온 이방인들은 토착민들과 오랜 세월을 평화롭게 공존하여 왔다.

그런 평화로운 공존이 가능했던 이유가 카스트 때문이었다는 해석은 설득력이 있다. 이방인은 카스트 외곽의 불가촉천민으로 편입되었고 그들은 이 차별을 수용함으로써 평화적인 공존이 이루어졌다는 것이다.

자급자족적인 폐쇄경제로 이루어져 있던 인도사회 구조가 유지되기 위해서는 촌락의 자급자족적 틀과 이를 뒷받침하는 각종의 전문화된 직업의 재생산이 필요했을 것이고 이를 지탱하기 위해 직업을 세습화하여 사회제도로 고정시킨 것이 하부 카스트(sub caste)로서의 자티였다. 즉 흘러들어 온 이방인들은 사람들이 꺼리는 힘들고 불결한 일들을 전담하는 자티로 흡수되어 인도 땅에 정착할 수 있었던 것이다.

이처럼 카스트와 자티는 세습제로 고정되고, 주어진 자티에 따라 의무에 충실하면 구원을 받는다는 이데올로기를 만들어 내어 그 변화를 방지해 왔다. 따라서 카스트와 자티는 변하지 않는 '경직성'을 그 속성으로 하며 지역에 따라서 그 성격과 종류가 부분적으로는 조금씩 다르다. 그렇다고 그 경직성이 절대적인 것은 아니다. 우선 공무원, 군인 및 농민은 모든 카스트에게 개방되어 있다. 그리고 비록 속도가 느리고 또 한정된 범위에서 일어난 일이기는 하지만 특정 카스트의 신분계단이 상승한 사례도 없지 않다.

북부지역의 하층 농민이 지주 혹은 자영농으로 성장하여, 중간 카스트로 상승한 자트(Jat), 소치기 자티에서 역시 중간 카스트가 된 야다브(Yadav)가 그 대표적인 예인데 야다브 중에는 정치인으로 입신한 사람도 더러 있다.

그 예 중의 하나로 비하르(Bihar)[1]의 주 수상[2]이었던 라브리 데비 (Rabri Devi)를 들 수 있다. 그녀는 문맹으로 전임 주 수상이었던 남편이 수회 사건으로 물러나자 입후보하여 당선된 야다브 카스트이며, 남편 야다브(Mulayan Singh Yadav)가 이끄는 비하르 주의 지역 정당인 RJD(Rishatria Janata Dal)는 주 의회의 100석 이상을 차지하고 있는 유력한 세력이기도 하다.

이처럼 사회 경제적으로 세력을 형성하는 하위 카스트가 있는 반면에 몰락하여 거지가 된 브라만도 없지 않다. 2003년 5월 말, 라자스탄 주에서는 가난한 상위 카스트에 공무원 직 14%의 할당을 요구하는 법안을 의결하여 중앙정부에 넘기는 일이 있었다. 하층 카스트에 할당된 쿼터는 가난하고 소외된 하층민에게 혜택을 준다는 본래의 취지와는 달리, 하층 카스트로서 입신출세를 했거나 재산을 모은 사람들에게만 혜택이 돌아가므로 카스트상의 신분은 높지만 경제적으로는 어려운 사람에게도 쿼터가 배정되어야 마땅하다는 것이 내세운 명분이었다.

이 법안이 효력을 발휘하려면 쿼터배정 내용이 구체적으로 명시되어 있는 헌법이 개정되어야 했기 때문에 채택이 되지는 않았지만, 카스트 사이의 갈등과 상층 카스트의 세력이 상대적으로 약화된 변화를 보여 주는 상징적 이슈라 하겠다.

오늘날 인도의 카스트 별 인구 구성을 보면 브라만 크샤트리야 바이샤의 상층 카스트가 약 15%, 수드라가 50%, 달리뜨 20% 그리고 카스트가 없는 기타 종교의 분포가 15%이다. 그 중 무슬림이 11%이고 기독교 시크 파르시(배화교) 등 소수 종교들이 4%를 점하고 있다.

---

1) 비하르 주는 몸값을 노리는 유괴가 산업화(?)되어 있으며 이 유괴산업의 성장이 가장 빠르다는 은유가 말해 주듯이 범죄와 가난의 대명사처럼 되어 있는, 인도에서 가장 빈곤하고 낙후된 주의 하나이다.

2) 주를 대표하는 직함에는 선출직인 chief minister와 중앙정부의 임명을 받는 governor가 있는데 실권은 chief minister가 장악한다. 아직 공식적으로 합의된 번역어가 없어 chief minister는 주 수상, governor는 주지사로 번역한다.

독립 후의 민주화 과정에서 스스로의 신분상승을 향한 달리뜨의 저항과 민족 지도자들의 노력이 있었고 이는 달리뜨 및 OBC 카스트에 대한 특혜 할당제(Affirmative Act)의 도입으로 구체화되었다. 공무원직 및 대학 입학정원 중 15%는 지정 카스트(scheduled castes, 달리뜨의 법적, 공식적 호칭)에게, 7.5%는 지정 부족(scheduled tribals)에게 총 22.5%가 이들에게 할당되도록 법규로 규정되어 있다.

민주화에는 선거가 필수적으로 뒤따른다. 각종 선거 때마다 특정 카스트 집단을 표밭으로 확보하려는 정당들의 노력은 카스트 사이의 반목을 유발하고 때로는 유혈 충돌이 발생하기도 한다. 선거 전략을 위해 만드는 비공식 조직은 거의 같은 카스트 성원으로 구성되기 마련이고 그러다 보니 시골에서는 카스트간의 대립이 더욱 노골화하여 점차 악화되는 경향마저 있다. 또 시골에서 누군가가 도시로 진출하여 자리를 잡게 되면 이를 교두보로 하여 같은 카스트의 친지들을 불러들여서 이들이 눈에 보이지 않는 집단을 형성하며 이러한 현상도 카스트 의식(caste feeling)을 더욱 강화하는 지렛대 역할을 한다.

극심한 카스트 전쟁(caste war)이 제일 많이 발생하는 곳은 비하르(Bihar) 주이며, 상층 카스트의 일부는 란비르 세나(Ranvir Sena)라 불리는 사병을 두어 이따금씩 살육전과 그에 대한 보복전이 벌어진다.

이상과 같은 정치 상황과 기타 여러 가지 변화로 달리뜨는 이제 어느 정도 정치적 목소리를 갖게 된 면이 있으나, 인구 구성상 절대 다수를 차지하고 있는 수드라(이발사 목수 구두제조공 양치기 대장장이 등의 자티)는 이도 저도 아닌 상태에서 버림받은 처지가 되어 버린 게 오늘의 상황이다. 견고하게 고착되어 있는 카스트 유제 속에서도 민주화와 산업화의 진전에 따라 각 카스트 사이의 힘의 균형이 이처럼 서서히 변하고 있는 것이다. 이제 경영관리직 등 도시의 화이트 컬러 직업사회에도 하층 카스트들이 점차 늘어나고 있는데 이는 사회발전이라는 면에서 긍정적이기는 하지만, 한편으로 같은 부서 내에서도 다른 카스트끼리는 상호 협력이 잘 이루어지지 않아(poor teamwork) 생산성과 업무효율을 저해하는 약점으로 작용하고 있다는 지적도 있다.

■ 하층 카스트에 대한 쿼터제

정부기관, 국영 기업, 대학 등 공공부문의 직원 채용이나 학생을 선발 할 때는 하층 카스트인 지정 카스트(달리뜨)와 지정 부족에게 22.5%를 할당하도록 법률에 규정돼 있다는 사실은 이미 말한바 있다. 그런데 2004년의 총선을 통해 국민회의당을 중심으로 한 새 정부가 들어선 후에 이 할당제를 개인 기업 등 사적 부문에 까지 확대 적용해야 한다는 주장이 제기되어 이 문제가 새로운 이슈로 등장하게 되었다.

명분은 민영화의 진전에 따라 많은 공공부문이 사적부문으로 전환되어 하층 카스트의 기회가 그만큼 줄었으니 이 감소부분은 보충되어야 한다는 것이었다. 경제계에서는 이렇게 되면 노동의 질이 저하되어 국제경쟁력을 잃게 되며 그러면 언제 중국을 따라 잡을 수 있겠느냐며 반대를 하고 나섰다. 많은 논객들은 이 불합리한 제도를 강요하면 결국 법과 규정을 역이용하는 편법이 질서를 어지럽히게 될 것을 우려하면서 지난 날 기업들이 최고 97.75%라는 비현실적 법인세율을 피하기 위하기 동원했던 각가지의 불건전하고 낭비적인 방법들을 떠 올렸다. 뿐만 아니라 쿼터에 묶여 있는 공공부문 자리 중에는 적임자가 없다는 등의 구실로 채우지 않고 공석으로 비워 둔 자리가 과거에도 적지 않았고 지금도 마찬가지이다.

또 의식 있는 지식인들은 독립 이후 반세기간 동안 이 할당제(affirmative action)를 운영해 왔지만 하층 카스트 중 극소수의 부유한 사람들만이 혜택을 보았을 뿐 근원적으로는 개선된 것이 없지 않으냐고 비판하면서 이들에게 교육의 기회를 부여하고 그 교육의 질을 향상시켜야 만이 문제가 제대로 풀린다는 의견을 제시했다. 상위 카스트들은 대부분 자녀들을 사립학교에 보내고 하층 카스트의 자녀들이 다니는 국공립 초중등학교는 열악하기 그지없는 시설, 교사 부족, 부실한 학교 운영 등으로 초등학교를 졸업할 때 까지 이름조차 쓸 줄 모르는 어린이가 즐비하다. 사정이 이러한데도 득표에 유리하다고 판단되면 할당제 도입에 대해서 지지를 보내면서도 정작 이들에게 교육과 직업훈련 기회를 제도로서 마련하는 일에는 전혀 관심 없는 정치인들의 위선을 개탄한다.

그러면 사적 부문에 까지 할당제를 확대해야 한다는 이 이슈가 등장하게 된 배경은 무엇이었을까. 2004년 9월에 있었던 마하라슈트라(Maharashtra)주의 선거에서 국민회의당은 종래의 지지표를 크게 잃어 근소한 표차로 신승을 했는데, 등을 돌린 유권자의 대부분이 하층 카스트들이었다. 그나마 겨우 이긴 것도 주정부가 하층 카스트들에 대한 고용 쿼터를 늘이겠다고 약속했기 때문이었다. 2005년도에는 비하르, 자르칸드(Jharkhand), 하리야나(Haryana)주에서 선거가 치러 질 예정이었고, 이 제안은 여기에 대비한 선거용이었던 것이었던 것이다. 선거제 민주주의의 맹점이 여기서도 들어난 셈이다.

그 할당제는 하층 카스트에게 숨구멍을 터주는 역할을 함으로써 제도 타파를 위한 근원적 해결책의 요구나 등장을 오히려 방해하고 있는 것이다. 교육과 직업훈련을 받지 못하는 대부분의 하층 카스트 주민들은 고용 쿼터가 배정되어 취업의 문호가 개방되어도 이를 수용할 수 있는 능력이 없기 때문에 결국 부유한 하층 카스트 사람들만을 위해 들러리를 서는 격이면서도, 마치 자신들에게 직접적인 혜택이 돌아가는 것과 같은 환상을 갖는 것이다.

▎가족관계는 여전히 가부장적

유교문화권의 한국도 남성본위 사회이지만 이런 현상은 인도에 훨씬 더 강하게 남아 있다. 인도의 윤리적 가치 속에는 유교와 유사점이 많아 생활 속에서 접하는 예절이나 사고방식에는 같은 아시아 사람으로서 공유하는 공통점이 적지 많다.

힌두교의 수많은 신들 중에서 가장 대중적인 신은 대 서사시 라마야나의 주인공 라마와 사랑과 믿음의 대상인 크리슈나이다. 라마야나에 녹아 있는 윤리적 교훈은 유교의 삼강오륜과 매우 유사하며, 크리슈나 신화는 구원의 세계를 제시함으로써 카스트제에 따른 현실의 모순에 수용하게 하는 동시에 하층 카스트의 민중을 순종형으로 순치시키는 역할을 해 왔다.

남성 우위의 전통을 말해 주는 극단적의 관습으로 사띠(sati)가 있다. 남편이 죽으면 그 시신을 화장하는 장작더미에 뛰어들어 스스로 목숨을 끊는 행위를 말하는데, 지금도 이따금씩 그런 일이 발생한다. 사띠를 결행하지 않은 미망인은 가정으로부터 버림을 받고 유랑을 하다가 비참한 일생을 마치는 것은 아주 흔한 일이었다고 하며, 오늘에도 혼자 된 여인들이 걸식생활을 하거나 힌두 사원에 기식하며 걸인이나 진배없는 생활을 하는 사례가 없지 않다고 한다.

한국에서도 결혼을 앞두고 예물문제가 때로는 불행한 사태를 낳기도 하지만, 인도의 결혼지참금 관습은 우리가 상상하는 것 보다 훨씬 광범위하고 심각하다. 인도에서 결혼지참금(dowry)은 신부 측이 일방적으로 부담하며, 결혼은 거의 중매에 의해 이루어진다. 미혼시절에 사귀던 사이라도 결혼기가 닥치면 대부분 그 관계를 청산하고 부모가 정해주는 배우자와 혼인식을 올리고 가정을 꾸리게 되지만 그 가정에 여권(女權)은 없다. 이 같은 폐습을 시정하려는 시민단체 등의 노력이 없지는 않으나 이런 시민운동을 마땅찮게 여기는 사회분위기의 압력을 이기지 못해 성과를 올리지는 못하고 있다.

인도의 서민들은 평소 때 매우 근검절약하는 생활을 한다. 그처럼 알뜰살뜰 저축해 온 돈을 몽땅 결혼식에 털어 넣을 정도로 예식은 언제나 분에 넘칠 만큼 성대하게 치루는 것이다. 마치 돈 모으는 목적이 오로지 결혼식을 위한 것처럼 여겨질 정도이다. 이때 신부 측이 부담해야 하는 지참금은 처음 시집 갈 때만 제공하는 것이 아니라 결혼한 이후에도 남편이나 시가에서 요구할 때는 친정에서 그 요구를 들어주어야 하며 이것이 악순환의 고리를 이루고 있다. 시부모 또는 남편이 친정에 다녀오라는 말은 우리의 풍습처럼 그동안 고생했으니 가서 쉬고 오라는 뜻이 아니라 지참금을 좀 마련해 오라는 요구이다. 아들을 둔 부모는 며느리로부터 받은 지참금을 또 딸 사돈댁에 보내는 연쇄고리를 통해 이 폐습은 돌고 도는 것이다.

지참금 요구는 아이들이 다 성장할 즈음에 와서야 그치게 된다. 시집가는 딸이 시가의 사랑을 받아 잘 살아가기를 기원하는 뜻에서 신부는 결혼지참금을 지참해야 한다고 한 고대 마누법전의 조항이 그 관습의 유래라는데, 세월이 흐르면서 신랑 측의 일방적인 요구로 변질하여 오늘에 이르고 있으며 이와 관련한 불행한 사건도 드물지 않다. 딸 형

호텔에서 치러지고 있는 어느 인도 부유층의 결혼식 모습
호텔에서 결혼식을 올리는 경우에는 하객들의 숙박비까지도 신부 측에서
부담하는게 관례여서 이래저래 신부 측의 사정이 어렵다.
(사진제공; CASKNU)

제만 주르르하던 어느 가난한 집의 딸들이 미래에 닥칠 감당하기 어려운 부담을 비관하여 스스로 목숨을 끊는다든지, 기대만큼 지참금을 마련 못하는 며느리가 심한 구박과 봉변을 당해야 하는 등의 사례들이 많은 것이다. 이로 인해 생명을 잃게 되는 사고가 다워리 대스(dowry death)이며, 최근의 기록에는 연평균 5,000건 정도의 지참금과 관련한 사망사고 신고가 접수되고 있는 것으로 나타났다. 물론 신고 된 사건은 실제로 발생한 사고의 극히 일부분일 것이다. 이처럼 비물질적 정신세계와 상식선을 넘어서는 세속적 욕망이 사회관습으로서 공존하는 곳이 인도인가 하면, 그런 여권부재에도 불구하고 인디라 간디라는 여성 수상이 나오고 그녀의 이태리계 며느리 소니아가 2004년 4월의 총선에서 승리한 국민회의당 총재로 중앙정치 일선에서 활동하고 있는 상반된 모습을 볼 수 있는 곳이기도 하다. 뿐만 아니라 뉴델리의 상하원을 비롯하여 전국 각 주 의회에도 활동하고 있는 여성의원들이 적지 않고 대학에도 여교수들이 많이 보인다.

여기에서도 다면적이고 신축적인 인도의 면모를 보게 된다. 물론 인디라 간다나 소니아는 최고 명문가 네루 가문의 후광에 의한 것이고 또 의회나 대학에 여성들이 많은 것 역시 법률로 규정되어 있는, 여성에 배정해야 하는 할당 율 때문이지만 한편에서 보면 남성 절대 우위의 윤리를 유지하면서도 일정한 부분에서는 여성을 숭배하는 측면도 가미하여 숨통을 튀어 놓고 있는 곳이 인도이다. 그 대표적인 예가 신화 속에 두루가 신과 같은 숭배 받는 여신들을 창조해 놓은 것이라 하겠다. 두루가는 시바 신의 아내 빠르와띠가 환생한 여신으로 9가지 모습을 지니고 있으며 두루가 신을 모시는 별도의 사원도 있다. 그 9가지 모습 중의 하나가 깔리 마따인데 억울한 일을 당한 약자의 복수를 대신해 주는, 어머니의 모성애적 이미지를 가진 여신이다. 선거에 입후보한 여성 후보들은 이 여신의 이미지를 풍기려는 노력을 많이 한다. 인도 의회는 1961년에 지참금 금지법(Dowry Prohibition Act)을 제정하였고, 그 후 1985년과 1986년에 그 문제점을 보완하는 개정이 이루어져 이를 어긴 자에게는 최저 5년 이상의 징역이나 1만 5천 루피의 벌금을 부과하게 돼 있으나 그 효력은 미미하다. 딸이 소박맞고 친정으로 돌아오는 것을 가문의 수치로 생각하는 부모들의 의식이 여전히 변하지 않고 있어 변화를 더욱 더디게 하는 것이다.

■ 대단히 신축적인 의식세계

15세기 후반의 유럽인에게 인도는 향료의 공급지로서, 그리고 향료무역을 통한 막대한 이윤을 제공하는 매력적인 교역 대상국으로서 알려졌다. 처음에는 아랍과 베네치아 중개상들이 향료무역을 독점하고 있었으나 16세기에 와서는 교황의 명령과 대포를 앞세우고 등장한 포르투갈 함대에 그 독점권이 넘어가게 되었다. 이후 인도 무역의 독점권을 둘러싼 스페인 네덜란드 프랑스 영국 등 각국의 경쟁과 마찰이 계속되다가, 1757년 플라시(Plassey)전투에서 프랑스 세력을 마지막으로 몰아낸 영국이 이후 1947년까지 인도를 배타적으로 통치하게 되었다.

이처럼 오랫동안 영국의 통치를 받았음에도 불구하고 인도인들의 영국에 대한 적개심은 희박하다. 오히려 영국을 존중하고 영국의 문화를 예찬하며, 수많은 군소 왕국들로 분할되어 있던 인도가 영국의 식민지 지배 덕분에 단일 국가로 통일될 수 있었다는 사실에 대해 감사하는 분위기마저 없지 않다. 대체로 애증(hate and love)의 양면적 감정을 갖고 있다고 보면 정확한 표현이 될지 모르겠다. 인도 문관시험에 합격한 관리출신(Indian Civil Service : ICS, 독립 후에는 IAS : Indian Administrative Service로 개칭)에 대한 존경심도 대단하다. 과거 영국 정부에 협조했다고 해서 우리가 친일파를 백안시하듯 하는 그런 분위기는 없다. 독립 후 집권한 네루도 식민지 시대의 관리들을 폭넓게 등용하여 그들의 경험과 전문지식을 나라 발전에 활용토록 하는 도량을 보여 주었다.

그들이 지닌 지식과 경험과 노하우가 '인도의 자산'이라고 여기는 네루나 여타 지도자들의 생각이 대중의 거부반응을 불러일으키지 않는 것은 한국과는 매우 다른 사회적 분위기이다. 식민지 시대의 인도인 관리들도 '영국에 대한 충성과 조국 인도에 대한 애국'이라는 이율배반적 딜레마에 모순을 느끼거나 이로 인한 갈등을 별로 겪지 않았다고 한다.

1885년 12월에 출범한 인도 국민회의(Indian National Congress)회장으로 활동하였던 베네르지(Surendranath Benerjea, 1848~1926)는 그러한 모델의 전형적 인물이다. 그는 엘리트 관리 등용문인 문관시험에 합격하였으나 인종적인 이유로 합격을 취소당한 후 언론인이 되었다. '인도인 판사에게 유럽인을 심문할 수 있는 권한을 부여하는 일버트 법안'이 유럽인의 반대에 부딪쳐 정치적 문제로 발전하자 이때에는 베네르지도 영국에 저항하는 운동에 동참하였으나, 영국으로부터 인도가 완전 독립하는 것은 결코 원하지 않았다. 그는 인도인들의 권리를 한층 더 존중하는 영국인에 의해 보다 나은 지배로 발전하는 것을 이상적으로 생각하면서 '영 제국에 대한 충성스런 자세를 유지하는 동시에 인도에 대한 애국자로서의 자세'를 공유했던 것이다. 인도인 엘리트들이 이러한 모순을 어떻게 갈등 없이 내면화 할 수 있었던가를 잘 표현해 주는 글이 있어 다소 길지만 다음에 인용한다.

"인도인에게 인도 문관제는 최고의 명예와 최상의 기회였다. … 서구식 교육을 받은 인도 젊은이들은 점점 영국인들의 독점에 반감을 가지면서도 동시에 영국 지배에 의존해야 하는 모순에 직면하였고, 문관직을 역임한 사람들의 회고담 역시 문관제에 대한 충성심과 자부심, 동시에 영국인들에게 어쩔 수 없이 느끼게 되는 이질감이 교차하는 모습을 잘 보여준다. … 그럼에도 불구하고 인도인 문관들은(영국과 인도에 대한) 분열된 충성심으로 크게 괴로워 한 것 같지는 않다. … 가장 민족주의 운동에 공감한 사람조차 '대중에 의한 내 의무감과 국왕에 대한 의무감이 충돌하는 상황에 처한 적이 없기 때문'에 자신은 정신분열증으로 고생하지 않았다고 말하고 있다. 그는 1942년 민족주의 운동이 활발할 때 영국인 경찰 관리의 행동 때문에 사직할 것을 고려하였을 뿐만 아니라 자신의 결혼식 피로연 하객들을 태운 열차를 국민회의 깃발로 치장할 정도로 민족주의 운동에 공감하고 있었지만 영국에 대한 신뢰를 버리지는 않았던 것이다."3)

영국의 인도 통치는 일본의 한국 통치와 많이 달랐다. 인도인의 저항을 완화하기 위한 선무목적에서였기는 했겠지만 앞서 말한 바와 같이 1885년에 국민대표 단체로서의 인도국민회의가 설립되어 인도인들의 정치활동이 허용되었고, 1919년에는 인도통치법이 개정되었다. 이에 따라 입법자문회에 상원(Rajya Sabha)과 하원(Lok Sabha)이 설치되고 각 주에는 주 의회가 설치되어, 독립 이후에 의회 민주주의적인 정치체제가 수립될 수 있는 토양이 이때부터 만들어졌다는 점에서, 한국의 피식민지 경험과 많은 차이가 있기는 했다. 영국인들은 시민혁명을 통해 주권재민의 역사적 경험을 가졌기 때문이었던지는 모르겠으나, 제국의 이해관계에 배치되지 않는 범위 안에서는 인도인들의 권리와 복지를 중요시했던 것이 사실이다. 이러한 배경 아래 결과적으로는 영국의 보호와 지원의 테두리 안에서 인도의 국민적 지도자들이 탄생할 수 있었던 것이며 간디나 네루도 이렇게 해서 등장한 지도자들이었다. 이 같은 상황이 인도인들이 영국에 대해 적대적 감정을 덜 갖게 하거나 영국의 사회와 문화를 존중하는데 어느 정도 영향을 주었다는 사실은 부정할 수 없을 것 같다.

상층 카스트들은 우리나라 사람들이 일본에 대해 갖는 배일(排日) 감정에 비해서는 많이 약하지만 반영(反英) 감정을 다소 갖고 있지만

---

3) 박지향, 『제국주의』, 서울대학교 출판부, 2000, 130~132쪽.

하층 카스트들에게서는 그와 같은 감정을 엿 볼 수 없다. 그들에게는 영국의 통치를 받으나 상위 카스트 인도인의 지배를 받으나 실질적인 차이가 없기 때문일 것이다.

이런 점 외에도 인도인들에게는 기질적으로 관용적인 면이 있으며 반영감정이 희박한 데에는 이런 기질에도 원인이 있는 것이 아닐지 모르겠다. 이 관용성은 외국인으로서는 무척 이해하기 힘든 인도 정신문화의 가장 독특한 특성 중의 하나이다.

이태리 태생으로 라지브 간디 미망인인 소니아가 남편이 암살당한 이후에 국민회의당이 리더쉽 부족으로 어려움을 겪자 총재로 추대 받아 당을 이끌어 오다가 2004년 4월의 총선에서 승리를 거둔 사실에서도 그런 관용적인 인도인들의 면모(그녀가 외국인이라는데 대한 거부 반응이 없는 것은 아니며 이것이 국민회의당의 약점이기도 했고 또 그녀가 총선에 승리하고도 총리에 취임하지 않은 원인의 하나이기도 하다)를 볼 수 있지만, 다양한 이질성 속에서 평화로운 공존의 지혜를 발휘한 인도인들의 역사적, 사회적 사례는 얼마든지 있다.

인도인들은 외국 문화, 외국인, 외국 언어에 대해 배타적이지 않다. 외국어를 하나 더 구사할 줄 안다는 것을 '눈과 귀를 하나 더 갖는 것'에 비유하면서 2중 언어 또는 다언어 능력을 갖는 것이 그들의 문화를 더욱 잘 보존하는데 도움이 되는 것으로 인식하기도 한다. 가령 남부에 살고 있는 중산층의 젊은 부부가 아이를 낳았다고 하자. 이 아이는 말을 배우기 시작하면 남부지역에서 널리 쓰이는 타밀어와 그 고장의 고유 언어(vernacular)를 먼저 익힌다. 즉 방가로르의 주민들은 타밀어와 방가로르 지역어를 혼용한다. 그리고는 전국의 준공식어가 되어 있는 힌두어와, 부모들이 공식석상의 대화나 다른 지방 사람들과 대화할 때 주로 사용하는 영어에도 익숙해진다. 이와 같이 중산층 이상의 가정에서 자라는 어린이들은 말을 배우는 시기부터 4~5개의 언어를 자연스레 익히게 되는 것이다.

공식통계에 의하면 현재 인도에는 1,652개의 언어가 있으며 그 중 약 100개 정도가 전체 인구의 3/4에 의해 사용되고 있다. 공식 공용어는 힌두어와 영어이고, 헌법에 지정되어 있는 언어는 18개이며, 1만 명 내외의 인구만이 사용하는 언어도 418개나 된다. 지역어(vernacular) 중에는 그 지역의 지배적 통용어로서 사용되고 있으면서도 문자가 없는 경우가 허다하다. 인도 국영의 올 인디아 라디오(All-India Radio)는 24개 언어로 방송을 하며, 신문은 최소 34개 언어로 발행되고, 활자화되는 간행물은 80개 이상의 언어에 달한다.

우선 최대 종교인 힌두교만 하더라도 그 성격이 정형화되어 있지 않다. 많은 힌두 신 가운데에서 각자는 믿고 의지하는 신을 재량으로 선택하며 그 경배의식도 획일화되어 있지 않다. 얼굴이 코끼리 형상을 한 가네샤 신은 재물 신이라는데 가난한 서민들은 이 신을 많아 받드는 것으로 보인다. 거리거리에는 이 신상(神像)이 모셔져 있고 그 앞에서 기도하면서 재운(財運)을 비는 모습이나 기도를 한 흔적들은 아주 흔하게 눈에 띄는 광경이다.

석가를 비슈누 신의 9번째 화신이라 하면서 불교를 힌두교의 일부로 끌어넣어 버리려는 것도 그런 포용성 때문인지 모르겠다.

"하나를 더 취하는 것은 하나를 버리는 것보다 항상 더 나은 법이다(Learning one more is always better than discarding one)"라는 인도 속담에서도 그러한 사고의 면모를 엿볼 수 있다.

율법과 관습과 이데올로기를 만들어 내는 것은 브라만의 소관 업무였다. 이들은 카스트의 최상위 신분이었지만 실질적인 정치권력은 크샤트리아 신분인 왕(마하라자)들이 장악하고 있었다. 이 묘한 상황에서 상위 신분으로서의 위계를 상실하지 않으려는 그들의 노력이 신축적 정신문화를 창조한 것이 아닐까하는 해석을 하는 견해도 있다. 새롭게 출현한 물리적 현상이 위협적일 때, 이를 물리적으로 물리칠 힘이 그들에게는 없었다. 그럴 때 이들은 이 변화를 자기 체계 속으로 흡수하여 새로운 이데올로기나 관습을 만들어 냄으로써 기존의 카스트를 유지하면서 그 위협을 제거하는 지혜를 발휘했던 것이 아닐까. 앞서 언급 되었듯이 불교가 평등을 주장하는 반 카스트적 가르침을 펴자 부처를 힌두 창조신의 9번째 화신이라 하여, 불교의 동의도 받지 않고 그 속으로 끌어넣어 버리려는 데서도 이런 단면을 볼 수 있다. 힌두는 불교를 힌두교의 한 분파라고 우기고 불교는 아니라고 부정한다.

이런 신축성과 관용성이 지나쳐서인지 인도사람들은 약속을 잘 지키지 않을 뿐 아니라 무슨 문제가 생기거나 사고가 발생할 수 있는 위험이 눈앞에 명백하게 보이는데도 이를 심각하게 생각하지 않으며, 이를 지적하거나 시정을 요구하면 "No problem"이라는 태평스러운 대답이 돌아 올 뿐이다. 또 약속을 지키지 않았을 때도 사과하는 법이 없다. 그러므로 인도에 생활하면서 "No problem"이라는 말을 할 때 이 말을 정말 문제가 없는 것이거나, 문제가 일어나지 않을 것이라고 여과 없이 해석하면 문제(problem)가 생기게 된다.

▌SHG-Bank linkage, 빈곤 퇴치에 효과적 소액 금융 제도

인도가 최근 높은 경제성장을 이룩하였고 또 그 잠재력이 대단히 큰 것은 사실이지만, 다른 한편으로는 약 11억의 인구 중 3억 명에 이르는 많은 사람들이 아직도 하루 소득이 1달러 미만인 절대적 빈곤에서 벗어나지 못하고 있는 그늘 진 면도 있다. 그 빈곤층의 80%는 농촌에 거주하고 있으며, 절대 수에 있어서 인도빈민은 세계에서 가장 큰 규모이다.

RDI(Rural Development Institute)의 조사에 따르면, 한 조각의 농토조차 보유하고 있지 못한 농민가구 수가 6천만 명에 이르고, 2억 5천만 명의 농촌거주자가 0.2헥타르 미만의 토지만을 보유하고 있는 것으로 나타나고 있다. 여성에게는 토지소유권이 인정되지 않는 지역이 아직도 많아서 빈곤과 관련해 여성들의 어려움은 더욱 심각하다.

이런 농촌지역의 가난을 퇴치하기 위한 노력으로 ①농지개혁(Land Reform) ②농촌 일자리 창출 ③자립을 위한 소액자금 지원 제도 마이크로파이낸스(microfiance)의 도입 등이 시도 또는 실시되어 왔다. 이중 전자의 2개 노력은 큰 성과를 거두지 못했으나, 마이크로파이낸스는 우여곡절과 시행착오를 겪어오면서도 그 실효 면에 있어서는 서서히 성과를 거두어 온 것으로 평가되고 있다. 아직 이 지원책으로부터 직접 수혜를 입고 있는 빈민의 비율이 전체 빈민 규모에 비해서는 아직 만족 할 수준에 이르지는 못하고 있지만, 빈민구제 수단으로서의 그 효과는 충분히 검증되었다고 할 수 있다. 이 지원제도가 성과를 거두게 된 것은 1991년 이후의 경제개혁의 영향과 함께, EU, 영국, 스위스 등 선진국들 그리고 국제기구들의 지원과 협력의 힘이 큰 것으로 알려지고 있다.

마이크로파이낸스의 정신과 성격은 2006년도 노벨 평화상을 받은 방글라데시의 수도 다카에 있는 치타공 대학의 교수이자 그라민 뱅크(Grameen Bank)의 설립자인 무하마드 유누스(Muhammad Yunus)가 빈민퇴치운동을 시작했던 동기에서 잘 나타나고 있다. 대학 가까이에 있는 빈민가 죠브라(Jobra)에서 목격한 젊은 주부 수피야 베이검(Sufiya Begum)이 빈곤의 악순환에서 벗어나지 못하는 가혹한 현실을 개선해 보려는 그의 의지와 노력으로 마이크로파이낸스가 탄생했고 많은 빈민들이 그 혜택을 보게 되었던 것이다.

대나무로 동그란 의자를 만들어 파는 것으로 가족들의 목숨을 부지하던 수피야가 하루에 그 의자를 만드는데 필요한 재료 구입비는 22센트(약 10루피)였다고 한다. 중간 상인으로부터 꾼 돈으로 만든 제품은 그 중간상인에게 넘기지 않으면 안 되었다. 빌려 준 재료 구입비를 미끼로 다른 상인에게는 넘기지 못하게 했던 것이다. 또 그런 영세 생산자들이 자금을 마련할 수 있는 다른 길들을 차단하여 스스로 자립해

가는 것을 방해하기도 했다. 만든 의자를 자금을 빌려 준 사람에게만 반드시 팔아야하는 조건에 묶여 그들에게 원가 22센트의 제품들을 넘기고 나면 여기서 남는 이윤은 2센트에 불과했다. 이런 악순환의 고리를 끊는 것은 이 여인에게 22센트의 자금을 마련해 주는 길이라고 생각하고 시작한 것이 빈곤퇴치를 위한 마이크로파이낸스의 출발이었고 유누스 교수가 설립한 방글라데시의 그라민 뱅크는 그 대표적 성공사례이다. 지금 마이크로파이낸스는 동남아, 아프리카, 중남미 지역에 널리 보급되어 있으며 미국, 캐나다 등 일부 선진국에도 시행되고 있는데 UN이 2005년도를 마이크로파이낸스의 해(The Year of Microfinance)로 지정했을 정도로 빈민 구제를 위한 효율적인 방법으로 받아들여지고 있다.

인도에서 영세적인 소액 자금을 빈민들에게 직접 공급하고 이를 관리하는 것은 MFIs(micorfinance institutions)들로서 농촌지역의 빈민, 특히 빈민 여성들에게 자영업을 할 수 있도록 주선하여 그 자립을 돕고 있다. 빈민에 대한 자금지원제도는 지난 날 인도가 사회주의 형 계획경제로 출발했던 만큼 독립(1947) 직후에 일찍이 도입되었다. 1969년에는 당시의 수상 인디라 간디가 14개 주요은행을 국유화하고 농촌의 빈곤을 퇴치한다는 취지 아래 전국 농촌지역에 이들 은행들로 하여금 많은 지점을 개설토록 하는 한편, RRB(Regional Rural Bank)라는 새로운 은행을 설립하여 농촌지역에 널리 산재하고 있는 소외 빈민(Neglected sectors and under-privileged poor)들에게 자금 대부를 확대토록 했다. 그러나 결과는 국유 은행의 비능률과 관료주의 그리고 설익은 민주주의에 따른 정치권의 무원칙한 은행 경영 간섭과 부당한 압력 등의 이유로 빈민구제 효과는 거두지 못한 채 은행의 적자만 증가시키는 결과를 낳았던 것이다.

1991년 외환위기를 계기로 시작한 경제개혁은 전통적 빈민구제를 위한 이 같은 금융지원제도의 비효율적 운영을 개선하는 데에도 영향을 미쳤다. 여기에서 두드러진 특징은 NGO 등 제도권 밖의 지원기구들이 이 사업에 앞장을 서고 있으며, 이들이 SHG(Self-Help-Group)와 제도권 은행을 연결(SHG-Bank Linkage)시킴으로써 실질적인 성과를 거두게 되었다는 점이다.

1992년 RBI(Reserve Bank of India)의 지침을 받은 NABARD(The National Bank of Agricultural and Rural Development)가 선도적 역할을 담당한 가운데 일부 은행들이 전국 500여 SHG들에게 자금을 제공하는 실험사업(pilot project)을 시도했다. 2년 후인 1994년에 이 사업에 대한 평가를 한 결과 RBI는 성공적이라는 결론을 얻어 이후 점차 사업 규모를 확대하였으며 1991년도에 500여 개로 시작했던 SHG가 2006년 3월에는 2백만 개로 늘어났으며 약 3천만 명에 이르는 빈곤 여성들이 혜택을 입은 것으로 집계되었다.

다음 내용은 성공적인 SHG의 예를 참고자료에서 발췌, 요약한 것이다. "안드라 프라데시 주의 나르케디밀리(Narkedimilly)는 약 1,500가구가 거주하는 마을로, 이 마을에 들어서면 집집마다 푸르고 흰 빛깔의 피클(pickle)이 담긴 통들이 가지런히 놓여 있고, 라임과 토마토와 칠리를 자르거나 타마린드를 씻고 있는 아낙네들의 모습이 먼저 눈에 들어온다. 1997년 주 정부의 권유로 10가구를 회원으로 하여 시작한 이 단체의 피클 생산은 이제 500여 가구를 회원으로 하는 대규모 비즈니스로 성장한 것이다. 이들은 SHG 회원들로서 MFI로부터 적절한 시기에 자금 지원을 받음으로써 이렇게 성장한 것이다. 이제 비지니스에 남자들도 참가하여 판로개척과 수송의 책임을 맡게 되었다. … 각 가구는 월 평균 3,000~5,000루피의 소득을 올리고 있다. 망고 피클은 가구당 연간 이윤이 약 11,500루피이고 라임, 토마토, 칠리, 타마린드 피클은 합해서 연 평균 4만~7만 루피의 이윤을 올리고 있다."[4]

---

4) CARE, USAID, GTZ and Catholic Relief Service, *Self-Help Group in India ; a study on the lights and shades*, 2006, P.99.

SHG는 빈곤층 마을 주민 중에서 15~20명을 회원으로 하여 운영하는 자발적 조직으로 그 운영상의 가장 두드러진 특징은 빌린 자금의 상환에 대해서 SHG 회원들이 공동책임(joint responsibility)을 진다는 점이다. 은행이나 국제기구로부터 자금을 제공 받은 MFI들은 이 돈을 SHG에 대여를 하고 또 사후 관리를 하도록 하고 있는데, 정부기구, 은행 그리고 NGO들이 마치 계몽활동을 하듯 하여 SHG를 조직하기 시작한 이후 지금까지 SHG의 수는 꾸준히 증가해 왔다. 빈민에 대한 자금지원의 성격을 '무상보조에서 상환의무가 따르는 대출'로 바꾸어 반드시 빚을 갚도록 함으로써 빈민들이 자립할 수 있게끔 유도한다는 데에 이 프로그램의 기본정신이 있다. 어느 한 회원이 상환을 못하면 나머지 회원들이 책임을 져야 하며, 그러한 의무가 지켜지지 않으면 추가 대출이 중단되는 반면 상환 성적이 좋으면 대출금액을 누진적으로 증가시키는 내용으로 운영되고 있다. 회원 서로간의 상호압력(peer pressure)으로 인도 전체의 평균 상환 율은 95% 정도라고 한다. 대단히 성공적인 상환 율이며, 이로써 빈곤 퇴치 수단으로서의 효능도 검증된 셈이다. MFI의 활동이 처음에는 봉사의 성격이었으나 이제는 이윤 목적의 전문적 비즈니스로 모습을 바꾸어 가고 있으며, 마이크로파이낸스에서 마이크로 인슈런스(micro insurance) 그리고 은행 지점이 없는 벽지 지역에 대한 송금(remittence) 서비스의 영역으로 까지 그 범위가 확대되고 있다.

1991년 이후 점차 확산되어 온 이 사업이 이룩한 주요한 성과는 대략 다음과 같이 요약된다. ①SHG 프로그램에 참가한 가계의 저축률이 비참가가계의 2배로 증가했고 자산증가(거의 가축구입)율이 30~50% 증가했다. ②가난을 스스로 극복할 수 있다는 자립의지(self-confidence)를 갖게 되었으며 이로 인해 community(Panchayat) 활동이 더욱 활성화되었다. Panchayat는 옛날부터 인도 농촌에서 마을의 주요문제를 자치적으로 다루어 온 전통적 공동체 의사결정 기구로서 농촌에서는 지금도 살아 있는 기능과 역할을 하고 있다. ③이 사업이 활성화 된 지역에서는 산모의 건강이 향상되고 유아 사망률이 떨어졌으며 아동취학률(인구의 약 40%가 문맹)이 높아졌다. ④영세 가계 및 빈민들의 지역 사금융(local money lender)에 대한 의존율이 낮아지는 한편, SHG와의 경쟁으로 지역 사금융의 이자율이 하락했다.

이 제도를 통해 얻은 가장 큰 교훈은 무엇보다도 "보조금 성격의 지원은 빈곤퇴치에 결코 도움이 되지 않는다"라는 사실을 확인하게 되었다는 점이다. 빌린 돈으로 열심히 노력하여 기한 내에 성실하게 상환할 때 더 큰 보상이 돌아가도록 제도를 설계하여 참가자들의 도덕적 해이를 방지한 것이 성공의 가장 중요한 원인으로 평가되고 있다.

이러한 성과를 올린 데에는 선진 각국과 국제기구들의 자금 지원과 기술지도가 기여를 했다. 이 빈민 지원 사업에 동참해 온 국제 협력자(international donors)들은 세계은행, 아시아개발은행(ADB), UN, 포드재단, EU, 스위스, 영국 등인데, 이들은 자금지원과 함께 경영을 합리화할 수 있는 기술지도 및 자문 등을 해 왔으며, 그 중에서도 스위스 외무부 산하 기구 SDC(Swiss Development Cooperation)의 활동이 두드러진다.

앞으로의 과제로서는 먼저, 의지와 역량이 있는 빈민들에게는 기회가 고루 돌아 갈 수 있도록 지원 범위를 확대해 가는 방안을 찾아 실행에 옮기는 것을 들 수 있다. 약 3억의 절대 빈곤층 중 최근의 성공적 마이크로파이낸스 사업으로 수혜를 입은 빈민은 3천만 명으로 집계되었는데, 그 절대 수는 결코 적은 숫자가 아니지만 워낙 인구가 많은 나라라 그 비율은 10% 불과한 것이다. 지금까지는 이 사업의 60% 이상이 남부지역에 편중되어 왔다는 점 역시 주요 개선 대상으로 지적되고 있다.

다음으로는 MFI의 관리 능력 향상이다. 현재까지는 많은 MFI들이 적자를 기록하고 있으며, 이 적자는 정부나 해외기구의 보조금으로 메우고 있는데 앞으로 이를 어떻게 극복하여 자립적인 영세 자금지원기구로 독립하느냐 하는 것이 큰 숙제이다. 이들 MFI들에게는 예금 수신 업무가 허용되지 않고 있어 적자경영을 벗어나기가 더욱 어려운 것으로 보고되고 있다. 인도 중앙 정부는 MFI의 법적 지위를 강력히 뒷받침하는 법률을 마련하고 있다고 알려져 있는데, 그렇게 되면 이 분야의 성장과 정착이 보다 가속화 될 것이라 예상된다.

이 지원사업의 혜택을 받아 자립을 하게 된 수혜자들이 지속적으로 비지니스를 유지하거나 확장 해 갈 수 있는 경영지도와 함께 금융지원 환경을 조성하는 것도 중요한 과제의 하나이다.

2. 독립 이후의 민주화 과정

▌초대 총리 네루, 의회 민주주의의 기틀 다져

인도는 한국의 해방 보다 하루도 틀리지 않게 만 2년 후인 1947년 8월 15일에 독립했다. 독립 후의 인도는 '점진적 사회주의자이자 민족주의자'였던 초대 총리 네루의 주도 아래 '의회 민주주의적 정치 체제와 사회주의적 계획 경제'라는 전례 없는 사회 제도가 설계되었다. 정체(polity)의 기본 틀은 상원(Rajya Sabha)과 하원(Lok Sahba)으로 구성되는 의회와 하원을 책임지는 내각이 중앙 정부를 구성하고, 28개 주(state)와 7개 직할지(union territory)가 역시 의회 및 내각을 두는 지방 정부를 이루고 있다. 상원은 250석으로 구성되어 있는데, 12석은 문학 과학 예술 등 각 분야를 대표하는 전문가들을 대통령이 지명하며 나머지는 238석 이내에서 전국 각 주와 직할지를 대표하여 주 의회 의원들이 선출한다. 상원에 대해서는 총리에게 해산권이 없으며, 매 2년 마다 1/3에 해당하는 의원들이 퇴임하게 되어 있다. 하원은 헌법에 552석으로 규정돼 있으며 530명이 각 주에서, 20명은 직할지에서 선출되고 2

명 이내에서 앵글로 인디언(Anglo-Indian community)을 대표하는 의석을 대통령이 재량으로 지명할 수 있다. 총리는 해산권을 가지며 하원의 임기는 5년이다. 대통령은 명목상 국가를 대표하며 의회와 주 의회 의원들에 의해 간접 선출되는 제도이다.

독립 후 1996년까지의 대부분 기간은 네루 가문이 이끄는 국민회의당이 집권해왔으나, 1996년의 제11대 총선에서 힌두 종파적 민족주의를 표방하는 BJP(Bharatiya Janata Party)가 제1당으로 부상하였고, 1998년의 제12대 총선에서 승리하여 2004년 4월까지 BJP 중심의 24개 정당 연합이었던 NDA(National Democratic Alliance)가 정권을 이끌었다.

BJP는 구성원의 다수가 상층 카스트이고 농촌 보다 도시에 기반을 둔, 힌두 문화를 인도와 동일시하는 정당으로 그 지지 기반의 중심은 VHP(Vishwa Hindu Parishad: World Hindu Council)와 RSS(The Rashtriya Swayamsevak Sangh) 등 힌두 지상주의 집단들이다. 이외에도 지방 자치제가 발달돼 있는 인도에는 이름조차 생소한 무수한 지역 정당들이 있다.

독립 인도의 기초를 놓은 자와할랄 네루는 카시미르에 뿌리를 둔 브라만으로 이상주의적이고 낭만적이며 잘 생긴 외모에 카리스마를 지닌 달변가였으며, 1885년 12월에 창립된 인도 최초의 정당인 국민회의당(Indian National Congress)이 배출한 지도자였다. 세포이 반란 이후 인도인의 여론을 반영할 수 있는 민족 정당을 요구하는 목소리가 높아지자 영국이 이를 허용함으로써 국민회의당이 창립되었으며 자와할랄 네루의 아버지 모티랄 네루와 영국 통치하에서 독립 운동을 지도해온 마하트라 간디와 자와하랄 네루도 역시 국민회의당에서 활발한 활동을 하였다. 1949년 9월에는 명목적인 국가수반인 초대 대통령이 임명되었다.

1950년 1월 26일에 헌법이 공포되고, 8월에는 네루가 국민회의 당 총재로 선출되면서 독립 인도의 역사는 네루의 설계도에 따라 전개되었다. 이 때 그가 채택했던 사회주의 형 경제 개발 모형은 사후에 잘못된 선택이었던 것으로 평가를 받고 있지만, 힌두 정당, 사회주의 정당, 공산당, 지역 정당 등 다양한 정치 세력과 집단들이 자유롭게 정치 활동을 하는 의회 민주주의의 뿌리를 내리게 한 그의 지도력은 높이 평가되어야 할 것이다. 동일한 나라였다가 독립과 함께 떨어져 나간 파키스탄과 방글라데시에서는 군사 쿠데타가 빈발하는 등 아직도 정치 안정을 찾지 못하고 있다.5) 반면 네루가 사망한 후 집권한 인디라 간디가 권위주의 통치로 민주주의를 크게 훼손했음에도 인도의 의회 민주주의는 그 궤도를 크게 벗어나지 않고 있으며, 이런 점에서 볼 때 독립 후의 인도를 민주주의 정치 체제가 뿌리 내리도록 이끌어온 그의 치적은 더욱 돋보이는 것이라 하겠다.

독립 후 계속 총리 자리를 유지해 오던 네루는 1964년 5월 27일 오전 숨을 거두었다. 그날 오후 인도 의회는 랄 바하두루 샤스트리(Lal Bahadur Shastri)를 새 총리로 선출했다. 그가 네루로부터 물려받은 가장 큰 유산은 많은 국민들이 굶주림에 허덕이는 절대적 빈곤과 심각한 경제 위기였다.

---

5) 16세기 무갈 제국이 인도를 통하기 시작한 이후 인도 국민들 사이에는 힌두와 무슬림 간의 불화가 시작되었으며, 영국 지배 때에도 마찰이 계속됐다. 그 갈등은 결국 독립 후에 인도를 파키스탄과 인도로 분리시켜 두 나라의 탄생을 가져오게 되었으며 두 나라 사이에는 독립 이후에 전쟁까지 치루는 등 격심한 반목이 계속돼 오고 있다. 두 나라로 분리되면서 성급하게 그어진 경계선을 사이에 두고 파키스탄 영역에 살던 힌두는 인도 영역으로, 무슬림은 그 반대 지역으로 이동하면서 혼란과 테러는 수개월간 지속되었고 이 와중에서 100만이 넘은 인명이 희생되었다고 전해진다. 파키스탄은 이후 다시 방글라데시와 분리되어 결국 3개 나라로 나누어지게 되었다. 이 같은 종교 간의 갈등으로 인한 유혈사태를 완화하기 위해 마하트마 간디는 갖은 노력을 쏟았다. 그는 성경과 코란과 힌두 경전 바가바드 기타를 같이 읽으면서 평화와 사랑을 호소하였지만, 힌두 광신자는 이러한 간디를 '조국의 배신자'라 부르며 비난을 퍼부었고 1948년 1월 30일, 평생을 인도 민중을 위해 희생해 온 이 헌신적 지도자는 브라만 힌두 광신도의 총격으로 마침내 쓰러지고 말았다.

실용주의자였던 그는 이런 난관을 타개하기 위해 폐쇄주의에서 시장 중심의 개방 정책으로 선회하는 정책을 채택했다. 그러나 취임 19개월만인 1966년 1월 11일에 그는 타시켄트에서 심장마비로 급서하고 말았다. 파키스탄과 카시미르 영유권을 둘러싼 전쟁을 치룬 후 그 경계선에 관한 협정에 서명을 한 직후였다. 그의 갑작스런 죽음과 짧은 재임기간은 인도에게 매우 불행스러운 일이었다. 청렴하기로도 이름났던 그가 사망하면서 남긴 유산은 미처 할부금조차 다 상환하지 못한 낡은 자동차 1대가 모두였다고 한다. 독립 후의 역사상 그가 집권했던 기간은 인도 국민들에게 가장 희망찬 시기로 기억되고 있다.

샤스트리 사후 네루의 딸 인디라 간디가 아버지의 후광을 업고 만장일치로 총리에 선출됐다. 인디라 간디는 1984년 피살될 때까지 대부분 기간을 총리로 집권했으나 정치와 경제면에서 모두 오점을 남겼고 그래서 그녀의 통치 기간이었던 1966년부터 1984년 사이는 인도의 암흑기로 평가된다. 총리로 취임한 다음해였던 1967년에 치러진 총선에서는 인디라 간디의 서툰 국정 관리와 당내 좌우 파벌간의 대립으로 인해 지지율이 종래의 70%에서 54%로 허락했고 여러 주의 주 의회에서도 야당에게 자리를 내 주어야 했다. 그 결과 1969년에 당의 중진이었던 모라르지 데사이(Morarji Desai)와 싱(V. P. Singh)이 당을 떠남으로써 국민회의당은 분열하게 되었고, 이후 인디라 간디는 국민회의당을 네루가의 봉건적 세습을 위한 사당(私堂)의 성격으로 변모시켜 나갔다.6)

의회를 경시하는 인디라 간디의 이러한 권위주의적 통치와, 석유 파동으로 인한 경제 사정의 악화는 야당의 반정부 운동을 격화시켰고,

---

6) 인디라 간디는 이후 인도 국민 회의당(Indian National Congress)의 당명 뒤에 그녀의 이름 인디라의 머리글자 'I'를 붙여 새 명칭을 Indian National Congress(I)로 바꾸었다. 줄여서 Congress(I)로 표시하는데 인디라 간디가 공당(公堂)을 사당(私堂)화 한 상징적인 사례였다.

야당 지도자 데사이와 나라얀(J. P. Narayan)은 반독재 민중 운동에 앞장섰다. 1975년 6월, 이런 와중에 인도 대법원은 선거법 위반 등의 죄목으로 인디라 간디에게 유죄 판결을 내렸고, 데사이와 나라얀은 6월 26일에 대규모 반정부 집회를 계획했다.

간디 총리는 여기에 비상사태를 선언하는 대통령 비상 통치로 맞서면서 집회 전날 밤 야당 지도자들은 연행, 투옥하고 언론 검열을 실시했다. 이처럼 강압적 정치 통제를 강화하면서 간디는 장남 라지브 간디를 정치에 참여시키려 하였다. 정치에 관심이 없었던 라지브가 응하지 않자, 둘째 아들 산자이를 설득하여 정치에 끌어들였는데 이것이 사태를 더욱 악화시키게 되었다. 각료들과 같이 걸어가고 있던 28세의 실력자 산자이의 슬리퍼가 벗겨지자, 장관 3명이 그 슬리퍼를 서로 먼저 집으려는 충성 경쟁을 했다는 일화가 당시의 상황을 상징적으로 말해 준다. 산자이는 경제 성장을 가로막는 것은 과잉 인구라는 신념으로 불임 시술을 강압적으로 실시하였는데 이와 같은 독주가 심한 반발을 사는 등 국민의 지지를 잃어 1977년 3월의 총선에서 국민회의당이 겨우 154석을 확보함으로써 패배했다. 산자이의 무리하고 부조리한 공천이 국민회의당의 패배에 한 몫을 했던 것은 물론이다.

선거 결과 5개 정당이 합당하여 탄생한 자나타당(Janata Party)이 과반수를 차지하게 되었고 데사이가 총리로 취임했다. 그리고 인디라 간디는 감옥으로 갔다. JP당은 이렇게 어렵게 집권했으나 당내의 권력다툼으로 세월을 허송하였고 그런 상황아래 권위주의 통치로부터 얻은 자유는 방종으로 흐르게 되었다. 그 위에 물가까지 상승하자 국민들은 데사이 총리에 대해 실망하게 되었고 그 반작용으로 인디라 간디의 사회주의적 정책에 대한 지지가 되살아나면서 '인디라의 물결'이 일게 되었다. 1979년 7월에 불신임 투표로 데사이가 퇴진하면서 28개월 만에 연정이 무너졌고 권위주의 통치의 반대에 앞장서다가 옥고까지 치른 나라얀은 연정 붕괴와 때를 같이 하여 숨을 거두었다. 내무장관 싱

(Charan Singh)이 임시 총리가 되어 사태 수습에 노력을 기울였으나 신임 투표조차 못하고 12월에 그도 퇴진하고 말았다.

1980년 1월에 치러진 총선에서는 JP당에 대한 실망의 반사이익으로 국민회의당이 67%를 얻어 인디라 간디가 재집권을 했다. 아들 산자이도 하원에 진출했는데 얼마 후인 1980년 6월, 비행 클럽에서 곡예 비행을 하던 그는 사고로 짧고 말 많았던 일생을 마감했다. JP당은 35석으로 명맥을 겨우 유지하는 군소 정당으로 전락했고 서(西) 벵갈, 케릴라, 트리푸라 등의 3개 주에서는 야당의 도전으로 국민회의당이 간신히 지방 정권을 유지하는 상황에 놓였으며 판잡에서는 지역정당인 아칼리(Akali) 당이 주의 분리를 요구하고 나오는 등 반발과 도전도 만만치 않았다.[7]

판잡의 중앙 정부에 대한 반항과 이에 대한 중앙 정부의 억압적 대응은 아칼리당 내부에 의견 분열을 낳았고, 이와 같은 분쟁은 테러사태를 초래하여 이윽고 과격주의자 빈드란왈레를 중심으로 시크의 독립 국가 칼리스탄(Kalistan)을 부르짖는 무장 항쟁으로 발전하게 되었다. 이 항쟁을 인디라 간디 총리가 무력으로 진압하자 총리의 시크교도 경호원이 1984년 10월 31일 아침, 출근길의 그녀를 피격했다는 사실은 앞서 언급한 바 있다.

인디라 간디가 피살된 당일 오후 그의 장남 라지브 간디가 총리에 임명됐고 복수전으로 아수라장이 되었던 델리시는 11월 3일이 되어서야 가까스로 안정을 되찾았다. 그리고 12월에 치러진 총선에서는 인디라 간디에 대한 동정표가 쏟아져 국민회의당은 400석이라는 압도적 의석을 차지하게 되었다. 라지브는 어머니 시절부터 경직되게 운영되

---

7) 판잡은 시크 교도가 주류를 이루는 주로서 녹색 혁명의 혜택을 가장 많이 받아 인도에서 가장 부유한 주이다. 이들은 시크 교도들의 거주 지역만을 분리하여 독립된 판잡 자치주를 요구했고 이것이 받아들여져 힌두 지역인 하리아나, 히말라야 산간 지역인 히마찰 프라데시의가 판잡에서 분리되어 새로운 주로 탄생함으로써 3개 주로 나뉘게 되었다.

어온 당의 민주화와 경제 개혁을 위한 노력을 시도했으나 기득권적 사고가 굳어져 온 당 지도부의 지지를 얻지 못해 그런 시도들은 좌절 되었다. 임기 후반부에 그는 군비 도입을 둘러싼 수뢰사건에 휘말려 1989년 11월의 총선에서 40% 득표로 529석 중 197석을 얻는 참패를 하였고 이때의 패배로 국민회의당은 결정적으로 쇠퇴하게 되는데 또 이는 일당 정부 시대에서 연립 정부 시대로 넘어간 인도 정치 변화의 분수령이 되었다.

■ 일당 정부에서 연립정부의 시대로

이 선거로 하층 카스트 중의 소농을 지지 기반으로 하는 자나타 달 (Janata Dal) 당과 군소 정당이 연합한 NF(National Front)가 정부를 구 성하게 되었고 자나타 달 당의 싱(V. P. Singh)이 총리로 취임했다. 이 때는 독립 이후 계속해서 누적되어 온 계획 경제 체제의 비효율과 모 순으로 연방 정부와 주 정부의 재정이 모두 파탄에 이르고 있었다. 이 같은 난국을 타개하기 위한 의도 아래 각종 규제를 완화하고 경제의 기본 방향을 자유 시장 체제로 나아가도록 하는 개혁안을 마련하였으 나 반대당들의 거부로 관철시키지는 못했다. 설상가상으로 만달 위 원회(Mandal Commission)의 건의를 수용하려다, BJP와 충돌함으로써 1991년 1월에 NF 정부는 퇴진하고 말았다.

만달 위원회의 건의 내용은 인도 엘리트 공무원인 IAS(Indian Administrative Service)와 경찰직의 26%를 소외되어 온 하층 카스트와 OBC(Other Backward Castes) 그리고 무슬림에게 배정한다는 것이었는 데, 힌두 지상주의를 표방하는 BJP가 여기에 반발하여 NF 정부와 마 찰을 빚게 되었기 때문이다.[8] NF 정부는 한쪽에서는 힌두 우파 BJP와

---

8) 이와 함께 아요디아 사태가 맞물려 NF 정부는 물러났다. BJP를 이끌어 온 아 드바니는 1991년의 선거를 앞두고 그 전해인 1990년 9월, 힌두의 결집을 통한 득표를 겨냥하여 구자라트 주의 솜나트(Somnath)에서 아요디아까지의 대행진

다른 한쪽에서는 좌파 정당의 지지를 얻어 출범하였는데 그 구성상의 이질적 성격으로 인해 오래 버티기 힘든 면을 출발부터 갖고 있었던 것이다.

씽의 뒤를 이어 당내 라이벌이었던 사회주의자 세카르(Chandra Shekhar)가 임시 총리로 취임하였다. 만달 위원회 건의의 실행을 둘러싼 마찰, 아요디아 사태로 인한 힌두-무슬림 간의 갈등 등 정치적 소요 사태로 어수선한 가운데 세카르는 텅 빈 재정과 바닥난 외환 보유고로 빚어진 경제위기에 응급 대처하기 위해 재무 장관 신하(Yaswant Sinha)를 일본과 미국에 파견하여 지원을 요청했으나, 신하는 모두 거절당한 채 빈손으로 되돌아가야 했다.

1991년 6월로 예정되어 있던 총선을 한 달 앞 둔 5월에 남부 타밀나두에서 유세를 하던 라지브 간디가 연설 도중 총격으로 피살되었다. 스리랑카 정부군과, 인도계 이주민을 배경으로 한 반군 타밀 타이거스(Tamil Tigers)간의 내전에 대한 그의 입장이 암살 원인이었다.

투표에서는 국민회의당이 520석 중 232석을 얻어 제1당이 되었다. 몇몇 군소 정당의 지지를 얻어 국민 회의당의 라오(Narisima Rao) 총리가 새 출발을 했으나 여전히 과반수 의석에는 미치지 못하다가, 다른 당의 탈당자들을 영입하는 등 꾸준한 노력 끝에 1993년 말에 가서야 과반수를 확보할 수 있었다.

라오 정부는 당면한 경제 위기와 외환위기를 극복하기 위한 자유화 개방화 정책으로 선회하는 개혁을 추진하였다. 그러나 1992년 1월의 아요디아 사건 이후 BJP와 극심한 반목으로 마찰을 빚게 되었고, 연이어 터진 각종 비리 사건으로 격렬한 공격을 받는 등 좌충우돌 하는 속

을 결행했다. 람 사원 재건축을 요구하는 시위였다. 그는 목적지에 도착하기 전에 체포되었는데, 이로써 BJP는 씽 정부에 대한 지지를 철회해 버렸던 것이다. 이를 두고 만달 대(對) 만디르(Mandal vs. Mandir)라고 표현하는데 만디르는 사원을 의미한다.

에서 개혁 정책을 제대로 진전시켜 나가지 못했다. 그런 가운데 치러진 1996년 5월의 11번째 총선에서 국민회의당은 534석 중 139석(지지율 28%)의 확보에 그치는 수모스러운 패배를 맞았고, 당은 리더십의 부재로 심한 동요 상태에 빠지게 되었다.

이것이 라지브 간디의 미망인 소니아가 정치 무대에 등장하게 된 계기였다. 거의 붕괴상태에 있던 국민회의당은 네루 가문의 유일한 후예라는 문벌의 정통성을 내세워 소니아를 설득, 정계에 입문케 하였다. 소니아의 등장으로 국민회의당이 몰락을 면하기는 하였으나 곧 이어 1998년에 맞은 12번째의 총선에서는 겨우 2석을 늘이는 141석(25.4% 지지율)의 확보에 그쳤다.

최대 득표를 한 BJP는 소수 정당들과 연합하여 정부 구성을 시도하였지만 13일 만에 불신임으로 퇴진하고, BJP의 힌두 종파주의를 견제하려고 했던 자나타 당(44석) 중심의 14개 소수당 연합 정부 UF(United Front)가 출범했다. 총리는 고다(H. D. Deve Gowda)였다. 이 취약한 소수당 정부는, 연정에는 참여하지 않고 정부 밖에서 지원을 한 국민회의당의 협력으로 정권을 유지하였으나, 경제 자유화를 향한 개혁을 지속시키려는 국민회의당과 UF 내 좌파 정당들 간의 불화로 오래 버티지 못하고 좌초하고 말았다.[9]

이리하여 1998년 2월에 실시된 총선에서 BJP가 179석(545석 중)을 얻어 다시 제1당이 되었다. 바지파이(Atal Bihari Vajpayee)를 총리로 18개 정당이 연합한 연립 정부가 수립되었으나 각기 다른 정치적 이념과 이해관계가 엇갈린 정당들의 연합이라 통합이 제대로 이루어지지 않았다. 심각한 재정 적자에도 불구하고 1998년 5월에 핵 실험을 단행했던 것은 사분오열된 연합 정부의 단합을 이루어 보려는 바지파이 총리의 정치적 계산의 소산이었다는 것이 일반적인 해석이다. 그러나 핵

---

9) 2년을 채 넘기지 못한(658일 집권) 이 정부는 그 기간에 총리도 고다에서 구지랄(India Kumar Gujral)로 바뀌는 등 불안한 행로는 걸었다.

실험이라는 극단적인 방법을 동원하여도 정당 간의 단합된 협조는 제대로 이루어지지 않았고, BJP 연합정부는 소수파 연합정당들의 끊임없는 연정철수 위협에 시달리다가 결국 13개월 만에 무너지고 말았다.

1999년 4월에 실시된 13번째 총선에서는 BJP가 선거가 실시되기 전에 24개 정당으로 정당연합체 NDA(National Democratic Alliance)를 구성하여 선거를 승리로 이끌었다. 그리고 선거기간에는 자유화, 개방화를 지향하는 국민회의당의 경제 개혁을 격렬하게 비난하였으나, 집권을 한 후에는 입장을 바꾸어서 경제 개혁을 위한 노력을 쏟았고 집권기간 5년 동안에 괄목할만한 성과를 거두었다.

▌BJP 집권으로 힌두-무슬림 갈등 격화

무갈 제국 이후 힌두와 무슬림 사이에 오랫동안 지속되어 왔던 갈등이 BJP가 집권한 후에 더욱 격화되었다. 이를 이해하기 위해서는 BJP의 성장과정을 되돌아보아야 한다.

BJP는 1984년의 총선에서 543석 중 3석을 얻어 의회에 진출했다. 이들은 힌두 지상주의자(Hindutva)들의 단체인 RSS, VHP 등의 지원을 구하면서 힌두를 인도와 동일시하는 힌두 민족주의를 앞세웠고, 그 전략이 주효하여 1989년에 91석, 1991년에 119석을 확보, 제2당으로 부상했다. 그리하여 아요디아에 힌두 사원 복원을 강력히 부르짖어 온 단체들의 요구를 대변하여, 그곳의 이슬람 사원 파괴에 앞장을 서게 되었고 이를 계기로 힌두와 무슬림 간의 갈등은 한층 더 격화되기 시작했다. 힌두교의 관용적 성격 때문에 옛날에는 서로 다른 종교 간에 격렬한 충돌이 오늘처럼 빈발하지는 않았으며, 독립 후 세속주의를 표방했던 국민회의당도 다른 종교에 대해서 편견 없는 입장을 내세웠다.

그러나 50년 이상 계속돼 온 카시미르 분쟁 특히 무슬림에 의한 끊임없는 테러와, 또 종교 간의 반목을 BJP가 정략적으로 선거전에 이용해 온 것이 대립을 격화시켰고 힌두 지상주의 움직임을 심하게 자극해 온 것이다. 힌두주의자들은 국민회의당이 편견 없는 태도를 취해왔다고 하지만 카시미르 분쟁은 해결될 기미를 보이지 않고 결과적으로 각종 테러로 힌두 교도들에 대한 피해만 늘어나지 않았느냐며 국민회의당을 공격했고 이리하여 정권도 친 힌두 정당 BJP로 넘어 갔던 것이다.

BJP에게 정권을 안겨다 준 1998년 총선은 지역, 종교, 카스트 등으로 그 분열이 기록적으로 극심했던 선거였다. 이를 반영하여 176개 정당이 등록을 하였고 41개 정당이 의석을 얻었으며 그 중 7개 정당은 2~3개 의석을, 14개당은 1석을 얻는데 그칠 정도로 다양한 스펙트럼의 정당들이 난립했다.

2001년 8월 13일 구자라트 주의 상업 수도 아메다바드(Ahmedabad)에서는 힌두 교도들이 "기독교인과 무슬림들이 힌두 처녀들과 결혼하여 전 인도를 집어삼키려고 한다"는 황당무계한 유언비어를 만들어 내고는 무슬림을 규탄하는 집회를 열었다. 이 집회를 주관한 조직인 바지랑 달(Bajrang Dal) 역시 BJP당의 무시할 수 없는 지지 기반으로서 힌두 지상주의 단체이다. 제3자에게는 황당무계하게 들리는 그런 선동이 힌두의 감정을 자극하게 되는 것은 인구구성상으로는 힌두가 절대 다수를 차지하고 있지만 힌두 정당은 수많은 분파로 난립하고 있기 때문에 뭉치는 무슬림 정당에 심리적으로 위협을 느끼게 된다는 것이다. BJP 이데올로그들은 또 과거 국민회의당이 정교 분리 주장을 앞세워 전 인구의 4/5를 차지하는 힌두 교도들을 역 차별해 왔다는 궤변을 펴기도 했는데 끊임없이 계속돼 온 과격 무슬림들의 테러는 대중들이 이러한 궤변에 동조하게 하는 상황을 조성해 준 셈이다

BJP와 정치적으로 연합하고 있던 다른 일부 소수 정당들 중에는 이 점에서 BJP와 입장을 달리하여 세속주의를 지지하는 정당도 있었으나 BJP 집권기의 국민 정서는 힌두주의로 기울어졌었다. 특히 2002년 12

월에 있었던 구자라트 주 의회 선거에서는 BJP당 소속의 후보 모디 (Modi)가 힌두-무슬림 갈등을 선거에 이용하는 과격 힌두 지상주의를 득표 전략으로 앞세워 이성적 국내 지식인과 언론의 많은 공격을 받았지만 결과는 BJP의 압승이었다. 힌두 정서가 확산되는 것을 보고 2003년 봄에 있었던 일부 북부 지방의 선거에서는 국민회의당이 힌두 교도의 환심을 사려는 정강들을 내세웠는데, 오히려 BJP 아류란 야유만 받았을 뿐 선거 결과는 참패였다.

이러한 종교 갈등의 밑바탕에는 카스트간의 계급 갈등이 숨어 있다. 카스트 차별을 부정하여 평등을 주장하는 다른 종교들 특히 이슬람으로 개종하는 인도인들은 거의 하층 카스트 신분에 속한 사람들로서 그 개종에는 상층 카스트에 대한 반발의 의미가 담겨 있기 때문이다. 힌두 지상주의는 표면적으로는 종교 이념의 옷을 입고 있지만 그 심층에 카스트제의 유지, 공고화를 도모하는 정치 사회적 이념을 내재시키고 있는 것이다. 여기에 대립하는 세력으로는 이슬람, 하층 카스트 그리고 서 벵갈과 케랄라의 주 정부를 장악하고 있는 공산당 등이다. 2003년 봄, 비하르 주의 어느 VHP 정치인이 시바 신의 상징인 삼지창을 당원들에게 나누어주어 전의를 다지는 정치 집회를 갖자, 얼마 후에는 중간 카스트를 대변하는 전 비하르 주 총리 야다브가 조직을 동원하여 경찰이 들고 다니는 나띠라는 죽봉을 휘두르는 시위로 삼지창 시위에 대응한 것은 이런 갈등을 표현한 것이었다.

국민회의당은 세속주의를 표방하므로 힌두 지상주의를 반대하는 입장에 있지만, 최고 명문 네루 가문을 상징적 표상으로 하고 있는 정당답게 당의 핵심은 상층 카스트가 지배적이어서 카스트 문제에 있어서는 어정쩡한 면이 있다. BJP는 종파적 활동에 항상 앞장 서 온 아드바니(Lal Krishna Advani)가 실질적으로 이끌어 왔으나, 정부가 구성되면서 총리 자리는 바지파이에게 돌아갔다. 집권 후의 바지파이는 힌두 지상주의에서 한걸음 물러서서 중립적인 국정 운영을 하려고 애를 썼지만 BJP의 태생적 한계 때문에 힌두 무슬림간의 갈등과 그로 인한 희생이 늘어나는 것을 근원적으로 차단하기는 어려웠던 것이다.

BJP 당은 집권 후 국민들의 힌두 정서를 등에 업고 승승장구 하는 듯하였으나 2004년 4월의 총선에서 예상외로 국민회의당에 패배하고 말았다. BJP는 집권 한 이후에 경제 개혁을 주도하여 이룩한 경제 성장을 실적으로 앞세워 '빛나는 인도(Shining India)'라는 캐치 프라이즈로 2004년 11월로 예정돼 있던 총선을 4월로 앞당기면서 자신 있게 선거전에 임했다. 독립 이후 계속돼 온 카시미르를 둘러싼 파키스탄과의 긴장 관계를 2003년 5월 이후 당시의 총리 바지파이의 노력으로 소강 상태로 반전시킴으로써 평화적 해결에 기대감을 갖게 한 것도 스스로 큰 실적이라 계산했던 것 같다.

그러나 경제 성장 초기 단계에 나타나는 사회의 이원화와 지역 간, 계층 간 격차 확대에 따른 소외 계층의 불만에 대해 BJP 정부는 소홀했다. 특히 IT 중심의 첨단 서비스업의 발달은 나머지 경제 영역에 대한 후방 연관 효과가 별로 크지 않아 마치 국가 속에 고립된 영역에서만 성장의 빛이 발하는 듯 하는 인상을 주어 소외계층의 불만을 키웠던 것 같다. 국민회의당은 이점에 주목하여 농민들의 소외된 불만에 득표 전략을 집중했다. 경제가 성장했다고 하지만 농민들에게는 무슨 보상이 돌아 왔느냐고 호소하였고, 성장 혜택에서 까마득하게 벗어나 있다고 생각하는 많은 농민(국민의 70%)들이 BJP 정부에 등을 돌림으로써 국민회의당에게 승리를 안겨 주었던 것이다. 국민회의당은 라지브 간디의 이태리 태생 미망인 소니아가 이끄는 당이라는 사실은 여러 번 언급되었다. BJP가 국가 운영을 어찌 외국 태생인 소니아에게 맡길 수 있겠느냐면서 비난과 공격을 퍼부었지만 소외가 주는 농민들의 불만을 달래기에는 부족했다.

국민회의당은 가까스로 BJP보다 많은 표를 얻었으나 정부를 구성할 수 있을 만큼의 충분한 의석을 확보하지는 못하였고 그래서 공산당 등 진보 계열의 군소 정당들과 제휴하여 UPA(United Progressive Alliance)를 결성, 정부를 구성했다. 선거에서 승리한 다수당의 총재가 당연히 총리가 되는 게 관행이었지만 소니아가 총리직을 고사함으로써, 1990년대 초 재무 장관으로서 경제 개혁에 불을 지폈던 시크 교도 맘모한 씽이 연립정부의 정부의 총리가 되었다. 개방 이후의 고성장으로 시장 경제 체제를 정착시켜야 하는 것이 대세이기는 했지만 UPA에 참여하고 있던 군소 진보 정당들의 반(反) 시장적 요구가 부담이 되어 개혁에는 큰 성과를 거두지 못했던 것으로 평가된다.

▌혼돈 속에서도 타협의 묘 살리는 인도 정치

다양한 구성원과 이해 집단의 요구를 절충하고 조정하는 것이 정치이니 만큼 정치 세계는 어디에서나 요란하고 변화무쌍한 법이지만 인도의 정치는 이렇듯 더욱 복잡하고 난해하다. 비리에 관련되어 투옥된 인사(정치적 이유로 투옥된 후 옥중 출마해서 당선되었던 지난 날 한국의 예와는 성격이 다른, 순전히 부패한 사건에 연루되어 기소된 후보)가 선거에서 압도적으로 당선되는가 하면, 선거 열풍이 불기 시작하면 유혈 충돌로 많은 사람이 목숨을 잃는 사태가 발생하는 것은 흔히 있는 일이다. 2004년의 선거에서 선출된 하원 의원 중 약 4/1이 기소된 범죄자들이었는데, 그 죄목도 살인, 강간, 유괴 등 파렴치한 내용들이었다.

또 투표 질서를 유지하기 위해 동원할 경찰력과 투표관리를 집행할 공무원이 부족하여, 경찰 및 공무원들이 각 지역에 돌아가면서 차례로 투입되어 선거를 치르다 보니 전국의 선거가 완료될 때까지 수개월이 걸리는 등 다른 나라에서는 상상할 수 없는 일들이 벌어지는 곳이 인도이다. 극단적으로는 정치적 기반을 마련하기 위해 자기 목소리를 내는 수단으로 테러를 이용하는 예도 없지 않았다.

2009년 4월의 하원 선거를 보면, 543개 지역구에서 약 300여 개의 정당과 4,617명의 후보가 7억 1천 4백만 유권자를 대상으로 선거전을 치루는 가운데, 투표는 4주간에 걸쳐 지역별로 실시되었다. 기표소는 828,804개 소였고 동원된 부정 투표 방지용 전자 투표기는 1,368,430개였다고 한다. 2004년 선거에서 두 정당의 득표율을 합해서 49%를 기록한 것에 그친 국민회의당과 BJP만이 전국 정당이고, 나머지는 각 지역에만 한정되어 있는 지방정당이라 선거 구호는 국가 발전이 아니라 지역 이해나 특정 카스트의 이해를 노골적으로 대변하는 것이 그 특색이었다.

국민의 40% 이상이 문맹이고 여전히 절대적인 빈곤이 광범위하게 만연되어 있는 나라에서 실시되고 있는 민주적 절차에는 불행하고 부조리한 부작용들이 뒤따르고 있어, 민주주의를 소화시킬 수 있을 만큼 성숙되기 이전의 사회에 과연 민주주의 제도를 도입하는 것이 타당한 것인가 하는 회의가 들 때도 있다. 선거 테러로 인한 유혈 사태, 계층과 종교 간의 심한 마찰, 상식으로 납득할 수 없는 집단행동 등 많은 문제점을 수반하고 있는 것이 현실이기 때문이다.

따라서 인도에서는 정치가 대중영합주의(populism)로 기울어지는 때도 없지 않았다. 특히 공산당 등 좌파 노선을 걷는 정당들이 다수 난립하고 있어 이들이 인도의 발전적 개혁과 경제 성장의 발목을 잡기도 한다. 그러나 어느 특정 정당이나 정부가 납득할 수 없는 선을 지나치게 넘을 경우에는 투표에 의한 응징이 따르기 때문에 무질서와 분쟁과 혼란 속에서도 인도 정치는 타협을 통해 일정한 균형을 유지하고 있다. 잦은 연정의 붕괴나 의회 해산으로 인해 빚어지는 불안정한 정치 상황을 두고 인도 정치 발전의 후퇴로 해석하면서 부정적인 시각으로 인식하는 견해도 많지만, 이것이 반드시 부정적인 면만 지니는 것은 아니다.

독립 후에는 네루의 카리스마가 인도 정치를 좌우했고, 인디라 간디는 네루 가문의 카리스마를 배경으로 통제와 억압으로 인도의 민주주의를 후퇴시켰다. 라지브 간디는 이러한 어두운 유산을 걷어내 보려는 노력을 시도하였으나 오랜 기간에 걸친 일당 정부 하에서 기득권을 누리던 국민회의당 내부 세력의 반대로 결실을 거두지 못했다는 사실은 앞에서도 이야기했다. 그 이후 카리스마의 시대가 사라지면서, 개혁을 둘러싼 의견 대립과 정파나 지역 간의 이해 불일치 등이 표면화하여 잦은 의회 해산과 연정의 난립, 붕괴 등을 연속적으로 몰고 왔던 것이다.

그러나 이러한 불안정한 정치는 선거를 통해 집권당을 바꿀 수 있는 민주적 제도 때문에 오는 것이며, 이는 인도 민주정치가 성숙해 가는 과정에서 치루는 시행착오적 통과 의례가 아닐까. 비범한 카리스마가 아니고는 그 혼란스러울 정도로 다양하고 복잡한 인도의 정치를 전혀 기우뚱거리지 않는 안정된 상태로 이끈다는 것은 불가능하다. 이러한 불안정한 상황에서도 비틀거리기는 하지만 군부가 들고 일어나거나 하는 일이 벌어지지 않는 다는 사실은 극과 극을 달리는 다양한 이해 집단들이 타협이라는 정치적 수완을 발휘하고 있는 것을 말해 주는 것이 아닐까.

카스트의 묵은 전통이 청산되지 않고 있으며, 왕족의 후예가 선거에 입후보하면 그 가문의 후광으로 거의 당선이 되는 여전히 낡은 전통적 관습과 의식이 아직도 강하게 남아 있다. 전면에 나오지 않은 채 정치 수업을 받아 오던 라지브 간디의 아들 라훌(Rahul, 09년 현재 39세)이 2009년 4월 선거에는 직접 뛰어 들었는데, 그는 네루의 4대손이다. 이처럼 왕조 시대적 유습이 남아 있는 가운데 소란스런 불협화음을 내면서도 정치적 격변으로까지는 가지 않고 타협점을 찾아내는 인도의 분열정치는 그렇게 비관적인 것으로는 보이지 않는다.[10] 개방경

---

10) 그래서 인도 정치를 두고 '선거에 의해 선출되는 독제 체제(elected dictatorship)'라고 비난하거나(India Times blogs, 2006.3.3, India in an Elected Dynasty,

제로 선회한 1991년 이후 여러 번 정권교체가 이루어지는 가운데 포퓰리즘적 유혹을 받으면서도 개방적 시장경제 체제는 변함없이 지탱되어 온 것도 과소평가 될 수 없는 인도 정치의 저력이 아닐까 한다. 같은 한나라였다가 독립과 함께 분리되어 간 파키스탄의 건국 후 역사는 한 순간도 정치적으로 안정된 적이 없는 끊임없는 정변의 연속이었고, 방글라데시 역시 쿠데타 등 불안정한 정치상태가 계속되어 왔다. 이런 점에서 볼 때 인도의 민주주의는 더욱 두드러지며 이는 독립 후 의회주의의 기초를 놓은 네루의 노련한 정치 역량의 결실로 해석되어야 할 것 같다. 인도에는 역사적으로도 타협적 집단운영의 전통이 있다. 일정 지역의 문제를 각 마을의 장로들이 모여 조정, 결정하던 판차야트가 그런 기능을 담당해 왔으며, 지금도 그 전통은 살아남아 행정 조직과 같은 역할을 하고 있다. 예전에는 5명의 원로들로 구성되었으나, 지금은 마을의 인구에 비례하여 마을 주민들이 대표를 선출한다.

이 점이 중국과 매우 대조적인 면이다. 공산당 통치하에 중국 정치는 사사건건 부딪치면서 밀고 당기는 속에 국력과 세월을 낭비하는 인도에 비해 의사 결정이 빠르고 목표를 향한 추진력은 강력하다. 그렇기 때문에 개방 이후 20여 년간 지속적으로 높은 성장률을 유지해 온 것이다. 저항이나 반대에 대해서는 인도가 설득과 타협으로 대처하는데 비해 중국은 힘에 의한 진압으로 대처한다. 2004년도 한 해에만 중국에서는 74,000여 건의 시위가 있었고 그 중에는 시위 참가자 규모가 1만 명이 넘는 사례도 상당한 회수에 달했다. 일방적 억압과 그로 인해 발생한 억울한 사정을 제도적으로 해소해 주지 못하는 독주하는 사회의의 단면인 것이다. 이런 차이가 장기적으로 두 나라의 역사를 어

---

http://o3.indiatimes.com/Devi_Goda_and_infosys), 소니아가 국민회의당을 이끌고 그 자녀들이 그 직위를 승계하는 문제를 공공연하게 거론하는 현실을 두고 '선거제 왕조 국가(elected dynasty)'라고 비아냥거리기도 한다(Psycophancy and Dynasty, India Times blogs, 2006.2.12, http://1103indiatimes.com/amjadkmaruf 참조).

떻게 규정해 갈 것인지 흥미롭다.

3. 종교 갈등과 그 배경

▌힌두-무슬림 반목의 역사적 배경

신축적이고 관용적인 나라 인도에 배타적 분리(partition)주의 주장이 전면에 등장한 것은 영국의 분할지배 정책의 영향으로 힌두와 무슬림들이 갈등을 빚게 된 데서 비롯된 것 같다. 2001년 9월 11일, 세계를 경악케 한 이슬람 원리주의자들의 미국에 대한 테러의 근원도 인도·파키스탄의 분리와 무관하지 않다.

1919년에 인도통치법이 개정되고 난 이후의 인도는 정치적 격변기였다. 이때 반영(反英) 독립운동을 주도하던 힌두교 중심의 인도국민회의가 정교(政敎) 분리적 다원주의 민주국가(pluralistic secular democratic nation)를 주장하자, 진나(M. A. Jinna)가 이끌던 무슬림 연맹(Muslim League)은 종교적 민족주의(religious nationalism)에 바탕을 둔 신정(神政)체제를 내세우며 2개 국가로의 분리를 내세웠다.

이것은 하나로 통일된 인도를 원치 않던 영국의 이해관계와 일치하여 결국 독립과 함께 영국령 인도는 인도와 파키스탄으로 나뉘고 말았다. 이후 양국 간 분쟁의 불씨로 등장한 카시미르 주의 지배권 문제로 인해 갈등은 더욱 심화되어 왔다.

카시미르에 거주하는 무슬림들 중 과격파들이 원리주의를 내세우며 그들의 독립을 주장하는 게릴라(테러)전을 전개하게 되었고, 파키스탄은 이들을 지원해 왔다. 이러한 상황도 아프가니스탄에 극단적인 회교 원리주의 집단인 탈레반이 탄생하게 된 먼 배후 요인의 하나가 되었던 것이다.

지난 60년간 때로는 열전으로, 때로는 냉전 상태의 갈등을 빚고 있는 인도와 파키스탄 사이의 분쟁 저변에는 이상에서와 같이 힌두교도와 무슬림간의 갈등이 가로 놓여 있으며, 이 두 종교 간의 갈등은 구실만 있으면 살육전으로 치닫는다. 2002년 2월 27일, 아요디아시의 힌두사원 기공식을 마친 후 기차를 타고 구자라트 고향으로 돌아가던 열성 힌두교도(Kar Sevak) 58명이 고드라 역에서 무슬림 복장을 한 무리들의 공격을 받아 사망한데에서 시작하여 2002년 5월까지 약 1천여 명이 생명을 잃은 사건도 그 많은 마찰 사례 중의 하나이다. 공식발표에 의한 희생자 수는 약 1천명이었으나 외신들은 2천명으로 보도해 왔다.

이 갈등의 뿌리는 16세기로까지 소급된다. 이번 사건의 직접적 계기가 된 것은 힌두교도들이 가장 친숙하게 느끼는 신 라마(Rama)의 출생지인 아요디아의 람 잔마부미(Ram Janmabhumi) 힌두 사원의 건축을 둘러싼 갈등이었다. 1528년 인도를 정복하여 이슬람 국가를 건설한 무갈 제국은 아요디아에 있는 힌두 사원 자리에 이슬람 사원 바브리 마스지드(Babri Masjid)를 건축하였다. 여기서 갈등의 씨앗이 뿌려졌던 것이다. 그 이슬람 사원부지는 라마 신의 출생지점으로 알려져 있던 곳이기 때문에 그 반목은 더욱 첨예하였던 것이고, 이를 둘러싼 갈등은 수백 년간 지속되어 왔다.

인도가 영국으로부터 독립한 후인 1949년 12월 22일에는 드디어 바브리 마스지드 이슬람 사원 내에 간이 힌두 사원이 설치되었으며 힌두교도들은 이에 그치지 않고 라마 신이 탄생한 지점이라고 주장하는 부지 2.77에이커의 소유권 반환소송을 법원에 제기하였다.

이런 가운데 1984년 10월에 과격 힌두 단체인 VHP(Vishwa Hindu Parishad)가 아요디아 힌두 사원 재건축 운동을 시작하였고, 1992년 12월 6일에는 전국으로부터 30만 명의 힌두교도들이 아요디아에 모여 문제의 이슬람 사원 바브리 마스지드를 파괴해 버렸다.

이때 양 종교간의 마찰은 전국으로 확산되어 수백 명이 목숨을 잃는 희생을 가져오기도 하였다. 이후 아요디아 사원 재건축문제를 둘러싼 양측의 격화된 반목이 팽팽하게 계속되어 오는 가운데 많은 불행한 사건들이 연이어 발생해 왔으며, 2002년에 구자라트 주에서 선거의 해를 맞아 고드라 사건이 일어났고 뒤이어 많은 지역에서 살육전을 불러 일으킨 것이다. 힌두교도들은 살생을 기피하여 파리, 모기 바퀴벌레 쥐도 쫓아 버릴 뿐 잘 죽이지 않는다. 그러면서도 종교 갈등이 격화될 때는 대량 살상도 주저하지 않는다.

■ 카시미르 분쟁의 뿌리

약 8세기경 사우디아라비아 사막에서 발원한 이슬람교는 얼마 지나지 않아 서아시아, 중앙아시아를 거쳐서 중국의 서부 및 몽고지역에까지 진출하였고 인도 땅도 수시로 침략하였다.

이슬람의 점령으로 각 지역에 뿌리 내리고 있던 조로아스터교 등 다양한 토착 종교들은 거의 이슬람에 복속, 흡수되었고 그 지배를 거부한 일부 신도들은 피난처를 찾아 인도로 옮겨갔다. 그 때 인도 땅에 정착한 그 후예들이 오늘 날 인도사회의 다채로운 종교적 구성을 이루고 있다.

16세기에 이르러 바브르가 이끄는 군대는 델리 지역에까지 남하하여 지배자로서 인도를 통치하는 무갈 제국을 세우면서 힌두교와 이슬람교 사이의 마찰과 갈등은 깊어지기 시작하였다. 힌두교도들을 무슬림으로 개종시키려는 각가지 정치적 압력이 동원되었고, 여기에는 인도사회를 절대적으로 장악하고 있던 힌두의 저항이 뒤따랐다. 개종한 무슬림들에게는 특혜가 주어지는 한편 그렇지 않은 힌두를 비롯한 타종교의 신도들에게는 특별세금을 부과하는 등 차별정책이 실시되기도 했다.

이러한 상황은 필연적으로 두 종교 사이에 갈등을 낳을 수밖에 없었던 데다, 교리상의 차이는 이 갈등을 더욱 악화시켰다. 힌두교도들이 신을 숭배하여 종교 생활을 추구하는 방법에는 신이 내린 말씀들의 철학적 의미를 되새기면서 관조하는 갸냐요가(Gyanayoga), 다른 사람을 위한 봉사 활동을 통해 신의 가르침을 실천하는 카르마요가(Karmayoga), 기도와 명상을 통해 신의 가르침에 다가가는 박티요가(Bhaktiyoga)의 3가지 길이 있는데, 그 중 어느 한가지만을 추구하는 사람은 없고 대부분 3가지 방법을 절충 혼합하여 종교생활을 영위한다. 이들의 종교의식에 있어서, 예찬하거나 기도하고 명상하는 대상으로 여러 힌두 신들의 모습을 인격화하여 만든 조각상을 제단에 모시는 것은 예배 의식에 있어서 자연스런 것인 동시에 필수적인 조건이기도 했다.

그러나 이슬람의 교리는 매우 엄격하여 신을 인격화하는 것은 신을 모독하는 행위로 간주하며 신의 모습을 상으로 조각하여 경배하는 행위는 불경스런 우상숭배로 받아들인다. 힌두 신을 모신 사원이나 신상들을 파괴하는 일이 일어나는 이유는 이 때문이며 이로 인해 그 불화와 반목은 가일층 격화되지 않을 수 없었던 것이다. 아프가니스탄 전쟁 직전 이 나라에 남아 있던 세계 최대의 바미얀 석불을 탈레반이 파괴해 버린 행위도 이런 관점에서 보면 해석이 될 것이다.

무갈 시대 이후에 대립해 온 두 종교 간의 반목을 식민지 분할 통치에 이용해왔던 영국 지배의 후유증으로 1947년에 인도와 파키스탄이 분리, 독립하자 카시미르 주의 영유권 문제가 새로운 불씨로 등장하여 사태는 계속 악화일로를 걸어 왔다.

카시미르 주는 분계선(LoC: Line of Control)을 사이에 두고 파키스탄이 전면적의 약 1/3, 인도가 2/3를 지배하고 있는데(중국 쪽 접경지대의 일부는 중국이 관할하면서 중국의 영유권을 주장하고 있다) 2차 대전 후의 냉전 구도가 이 갈등을 심하게 증폭시킨 것이다. 인도의 독립 당시 카시미르는 독립왕국의 성격으로 남아 있었는데, 주민의 대부분은 무슬림이었으나 통치자였던 마하라자(왕)는 힌두 교도였다. 그는 영국이 철수하면 카시미르가 스위스처럼 중립국으로 독립할 수 있기를 기대하면서 이쪽저쪽의 눈치를 보고 있었다. 그때 카시미르의 주민들은 무슬림이라는 명분을 앞세워 파키스탄이 군대를 파견하여 침공을 하였고, 마하라자는 델리로 날아가 주권을 인도에 넘긴다는 약속과 함께 도움을 요청했다. 이리하여 인도－파키스탄 간의 1차 국경전쟁이 일어났다. UN의 중재로 휴전은 되었으나 주민투표로 카시미르의 귀속을 결정한다는 UN의 결의는 지켜지지 않았고 휴전당시의 분계선 LoC가 국경처럼 되어 있다.

2차 대전 후 냉전기를 통해서 인도가 친소 노선을 걷고, 1978년에 젊은 급진파 장교들의 쿠데타로 아프가니스탄마저 공산화하자, 이 지역에 교두보를 마련해야 할 필요성에 직면한 미국은 파키스탄을 지원했다. 카슈미르 지역의 무슬림 테러는 그 대립의 공간을 이용하여 활개를 치게 된 것이다. 결과적으로 미국의 파키스탄 원조가 파키스탄 영토 내에 테러리스트 양성소를 마련해 준 셈이다.

이렇게 해서 카시미르 북쪽의 산악지대에 자리잡게 된 테러의 진앙지는 9·11 이후 테러조직의 축출을 위해 전쟁까지 치른 오늘의 미국을 적잖이 괴롭히고 있는 아이러니를 연출하고 있다. 그리고 이 지역의 무력충돌과 끊이지 않는 테러가 인도 국내의 힌두·무슬림 간 대립을 부추기는 역할을 하고 있다는 사실은 언급할 필요조차 없다.

카시미르 북쪽의 산악지대는 보기 드문 절경을 이루고 있는 험준한 지형인데, 그 지형상의 특성 때문에 오늘날까지 한 번도 어느 특정한 정부의 완전한 지배아래 놓인 적이 없는 독특한 지역이다.

인도정부와 미국이 파키스탄 정부에게 테러 세력에 대한 지원 중단과 테러 조직의 발본색원을 요구하고 있지만 이 지역은 사실상 정부의 통치권 밖에 있다. 국제마약 조직과 연계된 독자적인 자금원까지 확보하고 있어 그 통제가 불가능한 것이다. 거기다 파키스탄은 중국 및 북한과 우호적인 외교관계를 유지하는 등 이 지역을 둘러싼 국내외 정세가 복잡하게 얽혀 있어 테러의 완전 청산은 쉽지 않고, 그것이 청산되지 않는 한 종교 갈등 역시 끊임없는 자극을 받게 될 것이다.

영국으로부터 독립을 이룩한 후 집권한 인도의 국민회의당 정부는 "신은 오직 하나이며 각각 다른 이름으로 불릴 뿐이다"라는 슬로건을 내걸고 다양한 종교간의 융화와 공존을 위해 노력을 기울여 왔으나 수백 년에 걸친 오랜 역사 속에서 조성되어온 반목은 쉽게 수그러들 것 같지 않다. 현재 인도 국민 중 무슬림 인구는 약 1억 2천 명 정도로 파키스탄과 방글라데시 양국의 국민을 합친 숫자보다 더 많아서, 화해를 위한 슬기로운 노력을 쏟지 않으면 언제 또 다시 대규모 충돌로 인한 불행한 일이 재연될지 가능성을 그 내부에 안고 있다.

2003년 5월 이후 당시 바지파이 인도 총리의 노력으로 양국간의 긴장이 소강상태로 전환되기는 하였으나, 긴장상태를 전략적으로 이용하려는 정치세력이 양국에 모두 존재하고 있기 때문에 언제 예기치 않은 복병이 출현하여 다시 첨예한 긴장상태로 돌아갈지는 아무도 예상 할 수 없는 일이다. 즉 실질적인 권력을 장악하고 있는 파키스탄의 군부는 카시미르의 불화가 군부의 정치개입을 위한 명분이 되어 왔고, 인도 측에서는 그 불화를 선거 전략으로 이용하려는 일부 힌두뜨바 (Hindutva)들이 있는 것이다. 2008년 11월 26일, 뭄바이의 주요 관광호텔 등 시내 중심가에서 발생했던 대규모 테러는 뒤에 파키스탄이 그 배경이었다는 사실이 밝혀졌는데 이 역시 같은 시각에서 해석 될 수 있지 않을까 한다.

인도 측에서도 이 갈등을 정치적으로 이용한 예가 없지 않다. 앞서 BJP의 집권과정을 소개하는 내용에서 설명했듯이 군소 정당이었던 BJP가 아요디아 사태를 정치적으로 이용하여 힌두 민족주의를 부각시켰고 이는 힌두의 결집을 가져와 BJP가 2대 정당으로 부상한 것이 대표적인 예이다. 앞에서 간단히 소개된 2002년 2월 27일의 사건 즉 구자라트 주에서 일어났던 고드라(Godhra) 사건도 유사한 사례이다.

반 무슬림 폭력을 유도하는 음모를 통해 힌두 민족주의 감정을 자극함으로써 BJP의 후보였던 모디(Narendra Modi)가 주 수상에 압도적 지지를 얻어 당선되었던 것이다. 이 사건은 그 뒤에 두고두고 인도 사회의 비난의 대상이 되었지만 2007년 선거에서 그는 재차 압승했다. 종교 갈등을 정치적으로 이용하여 효과를 본 또 하나의 좋은 예이다.

▌고드라 사건-종교 대립을 정치에 이용한 불행한 사례

힌두-무슬림 간 반목이 폭동으로 발전하게 된 것은 힌두 내셔널리즘을 표방하는 조직인 RSS(Rashtriya Swayamsevak Sangh : National Volunteer Corps)가 탄생한 1925년부터로 알려져 있다. 이들은 조직적 테러나 방화 등으로 무슬림을 공격해 왔으며 이는 오늘날 정치 세력화하여 커다란 영향력을 발휘하고 있다. 힌두 지상주의자(Hindutva) 집단으로는 RSS 외에 VHP(Vishwa Hindu Parishad, World Hindu Nationalist Association)가 있고, 젊은이들의 활동 단체인 Bajirang Dal, 1994년에 차입하여 보호무역주의, 반 외자(反 外資) 및 반 세계화, WTO 가입반대 등 경제적 이슈를 주장하는 SJM(Swadeshi Jagran Manch : Self-Reliance Front)이 있다. 이들의 정치적 대변자가 1999년에 집권했다가 2004년 4월의 총선에서 패배하여 실권한 BJP(Bharatiya Janata Party)이다.

BJP는 1951년에 창당한 정당 BJS(Bharatiya Jana Sangh)의 후신으로, 1980년에 당명을 개칭하였다. 1984년에 겨우 하원의 3석을 얻었던 초군소 정당이었으나 종교 갈등, 특히 아요디아 분규를 정치적으로 이용하여 1989년에 86석, 1991년 120석, 1996년 160석 1998년에 182석을 확보하여 연립정부 NDA(National Democratic Alliance)를 구성함으로써 집권당이 되었던 사실은 앞서 이야기 한바 있다.

그 대표적인 갈등 조장 행위는 이 정당을 실질적으로 이끌던 L. K. Advani(BJP 정부 당시 부총리였으며 BJP가 2004년에 재집권에 성공했

더라면 총리가 되었을 인물)의 주도로 아요디아로부터 1만 ㎞나 떨어진 구자라트 주에서 아요디아를 향해 힌두 지상주의를 부르짖으면서 무슬림에 대한 적대구호를 외치는 가두행진을 하다 도중에 체포되는 정치 쇼였다. BJP-RSS-VHP 연대로 이루어진 이들 세력의 표면적 슬로건은 "One Nation, One People, One Culture"이며 이러한 작전이 주효하여 BJP가 집권까지 할 수 있었던 것이다. 이런 움직임의 정신적 배경이 힌두 내셔널리즘이다. 종교적 내셔널리즘과 관련해서 흥미로운 사실은 조국 인도를 떠나 다른 나라로 옮겨가 살고 있는 재외 인도인들은 세계시민으로서의 의식(sense of world citizenship)을 갖기보다도 힌두 내셔널리즘적 의식에 더욱 강하게 집착하게 된다는 경향이다.[11) 그들은 외국에 살면서도 조국과의 연대를 끊지 않고 끈끈한 관계를 지속적으로 유지한다.

아요디아 문제를 둘러싼 갈등을 선거 전략이라는 정치 목적에 이용한 극단적인 또 다른 사건이 2002년 12월의 구자라트 주 의회 선거를 앞두고 그해 2월 27일에 발생했던 "고드라(Godhra)사건"이다. 아요디아의 힌두 사원 기공식에 참석 한 후 구자라트로 되돌아가는 힌두 열성파(Kar Sevaks: Volunteers)들이 탄 열차가 고드라 역에 도착했을 때, 이들을 공격한 무슬림들의 열차 칸 방화로 58명이 목숨을 잃은 사건이다. 이 사건 직후 무슬림에 대한 보복전은 2,000여 명(공식 발표는 약 1,000명)의 사망자와 15만 명의 이재민을 낳았다. 이 사건은 힌두 내셔널리즘을 표방하는 BJP가, 무슬림들이 힌두를 공격했다는데 격분한 힌두교도들의 단결을 유도한 정치공작이었다는 것이 정설이다. 이로써 2002년의 주 의회 선거를 승리로 이끌어 모디(Narendra Modi)라는 후보가 주지사로 당선하였다. 그러나 2년 후에 있었던 2004년의 총선에서는 이것이 부메랑이 되어 BJP가 패배하는 요인 중의 하나가 되었다.

---

11) Veer, Peter van der, Religious Nationalism-Hindus and Muslims in India, University of California Press, Berkeley, 1997.

이 선거에서 BJP는 경제개혁에 의한 높은 성장 실적과 밝은 경제적 미래를 앞세워 지지를 호소했으나, 구자라트의 고드라 사건 하나만으로도 BJP를 용서할 수 없다는 반대당 국민회의당의 비판이 투표결과에 상당한 영향을 주었다는 것이 사후의 평가이다.

그런데 구자라트 주는 참 독특하며 이는 인도 종교 갈등의 단면을 이해하는데 도움이 된다. 고드라 사건이라는 정치 공작을 통한 종교 갈등과 끔찍한 살육이라는 떳떳치 못한 과정에 편승해 주지사 직에 당선된 모디에게는 불한당이라는 낙인이 찍혔다. 2002년, 취임 축하연에 초대 받은 외국 외교사절들이 참석을 하지 않았고, 2005년에는 미국으로부터 방문 비자 발급을 거부당했으며 유럽 각국을 방문했을 때는 고위직이 관례적으로 소지하는 외교관 여권 사용이 거절되는 등 국제적인 망신을 당했다.

2002년에 선출되었던 의회의 임기가 끝남으로써 2007년 12월 16일에 다시 선거가 실시되었다. 선거를 앞두고 많은 신문들이 투표자들에게 그런 악덕 정치인에게 표로써 심판을 내릴 것을 호소했으나, 23일의 개표(인도에서는 투표가 끝난 후 상당한 시일이 흐른 후에 개표가 완료된다) 결과는 총 의석 182석 중 BJP가 117석을 확보하여 59석을 차지한 국민회의당을 눌러 압승을 하였고 이로써 모디는 주지사 재선에 성공하게 되었다.

구자라트 주는 예부터 상업이 발달한 지역이다. 모디는 그런 악명에도 불구하고 정치가로서, 또 행정가로서의 능력을 갖춘 인물로 경제성장에 많은 노력을 기울여 2006년도에는 오래 전부터 상업이 발달 해온 이 주의 성장률을 11.5%로 끌어 올렸는데, 이는 인도 전국에서 가장 높은 성장률이며 실업률은 가장 낮다.

그러나 모디를 재선으로 이끈 결정적 원인은 그런 경제적 실적 때문이 아니라 구자라트 주 전체 인구의 절대 다수를 차지하는 힌두 교도가 9% 밖에 되지 않는 무슬림을 두려워하거나 미워하기 때문이다.

정치공작으로 그렇게 의식화(manipulated)된 것이다.

2007년 12월의 선거에서도 반대당 총재인 소니아 간디가 고드라 사건이라는 음모를 통한 대량 살육전을 유도한 모디를 향해 '죽음을 판매하는 자(Merchant of Deaths)'라 비판하자, 모디는 이것을 자신에 대한 공격이 아니라 구자라트 주의 전 주민에 대한 모독이라 확대 해석하면서, 테러분자들(무슬림)을 감싸는 소니아 간디야 말로 진정한 Merchant of Deaths라고 응수 하는 등 선거 공방의 주된 이슈가 종교적 갈등이었다. 구자라트 주는 이와 같이 "경제적으로는 가장 번영하는 동시에 집단학살이 빈번히 발생하는(Both prosperous and genocidal)" 양 측면을 가진 독특한 지역이다.

이런 갈등이 격화되면서 대립은 폭동(riot)과 조직적 대학살(pogrom)로 진전되었는데, 포그롬은 ①루머를 퍼뜨리는 등 사전 공작을 통하여 적대적 분위기를 조성하고, ②폭력사태에 대해 공권력이 지원을 하거나 수수방관하며, ③장막 뒤의 이해관계자들에 의해 사건이 치밀하게 계획, 조종된다는 것이 특징이다.

포그롬은 기본적으로 동질성에 바탕을 둔 집단적 군중심리를 이용하는 것이다. 심리적으로 동일한 그룹의 소속이라는 강한 의식을 가진 집단이 심리적 자극을 받을 때 이는 아주 쉽게 파괴, 살상, 방화 등 폭력사태로 발전하게 된다는 것은 전문가들에 의해 지적되동질적어온 점이며 2002년의 고드라 사태 역시 이런 점을 이용한 것이었다. 친밀한 동질적 유대감 속에서 진행되는 환희의 페스티벌이 때로는 광란으로 치닫는 사례에서도 이런 군중심리의 특성을 찾아 볼 수 있다. 특히 방화는 이런 상황을 유도하는 매우 효과적인 자극 수단이라는 것이 전문가들의 견해이다. 당시의 고드라 사건이 남긴 직접적인 결과는 주의회 선거에서 BJP가 승리한 했다는 사실과, 보복 살육전을 피해 많은 무슬림들이 이 지역을 떠나자 무슬림이 집단 거주했던 지역 상가(商街)의 부동산 가격이 폭락하였고 돈 있는 세력 층이 이를 싼 값으로 취득했다는 점 등을 지적할 수 있다.

더욱 재미있는 사실은 이러한 폭동이나 집단학살 사건의 96%가 도시 지역에서 일어나며, 그 중 절반이 8개 도시(Ahmedabad, Mumbai, Aligarh, Hydrabad, Meerut, Baroda, Calcutta, Delhi)에 집중되어 일어났다는 사실이다. 전체 인구 중 도시거주 인구 비율은 약 30% 정도로 추산된다. 대부분의 인구가 살고 있는 시골 지역에서는 다른 종교 간에도 큰 갈등 없이 거주민들이 평화롭게 공존하고 있는 것이다. 정치적 선동이나 음모가 그 갈등을 격화시키는 주요 요인이라는 사실을 뒷받침해 주는 반증이라 하겠다. 아요디아 사태가 격렬한 소요사태로 발전한 것은 BJP가 정치적 목적으로 이를 뒤에서 차극하기 시작한 1984년 이후이고, 이 시기부터는 아요디아 힌두사원 건축을 부르짖으며 행동에 나선 사람들이 이 지방 사람이 아니라 모두 외부인이었다는 사실도 이를 입증해 준다.

4. '의회주의-계획경제' 혼합모형과 그 귀결

■정부의 지나친 통제가 기업가 정신 질식케

인도 독립운동의 두 거목 마하트마 간디와 자와할랄 네루는 여러 면에서 대조적인 인물들이었다. 간디의 카스트가 바이샤인 반면 네루는 브라만 중에서도 최 명문가 태생이었다. 독립 후의 사회 건설에 있어서도 간디는 시골의 전통적 산업(cottage industry)을 보호하여 자급자족의 민족 경제를 건설해야 한다는 견해를 제시했다.

이에 비해 네루는 근대적 상공업 발전을 지향했다. 그러면서도 그는 상공인들을 불신했다. 상공인들은 오로지 개인적 부의 축적만을 꾀할 뿐 국민생활의 향상이나 나라의 장래에 대해서는 관심이 없는 사람들이라는 게 그의 굳은 신념이었다. 이런 불신에 많은 사람들이 공감하는 것은, 곡물이나 생필품이 부족하여 많은 사람들이 어려움을 겪고 있을 때에도 상인들은 이를 매점매석하여 폭리를 남기는 사례가 심심 찮게 일어나기 때문이었다. 네루의 이런 신념은 그가 집권한 후 사회 주의 형(Socialistic form) 통제경제 모형으로 실현되었고 그 결과 성장 잠재력이 억제되어 인도는 오랫동안 가난을 벗어나지 못했다.

네루의 경제관은 벵갈 지역의 브라민 과학자 마할라노비스(Prasanta Chandra Mahalanobis)와 접목되어 '의회 민주주의 정치제도와 중앙 통제식 계획경제 체제'라는 전무후무한 혼합 모형으로 실현되었고 이것은 한 때 세계의 눈길을 끌어 칭송을 받기도 했다. 마할라노비스는 다재다능한 지식인이었다. 캠브리지 대학에서 수학과 물리학을 공부한 과학자였던 동시에 철학자요 문학 비평가였으며 또 산스크리트 학자이기도 했다. 그는 과학과 과학의 합리성에 대한 깊은 신뢰를 가져 과학만이 인도 경제의 어려운 숙제를 풀어 갈 수 있다고 역설했으며 이것이 네루의 마음을 사로잡았던 것이다. 이렇게 해서 등장한 것이 네루-마할라노비스 경제개발 모형이었다.

네루는 사적 이윤만을 추구하는 상공인들이 국가 장래를 좀먹지 못하도록 하기 위해서는 그들의 활동을 정부의 엄격한 통제와 관리 아래두어야 한다고 믿었다. 따라서 철강 광산 기계 기타 중공업을 비롯한 기간산업은 모두 국영화하게 되었다. 그리고 기업설립이나 확장, 생산품목 변경사항까지도 사전에 정부의 철저한 검토를 거쳐야 하는 허가제를 도입했다.

새 기업의 설립, 생산시설의 확장 그리고 생산품목의 변경으로 인해 독점이 심화되거나 혹은 지역 간의 불균형이 조장되거나 기존 소규모 생산업자 등이 압박을 받아서는 안 되므로 이런 사항들이 사전에 정부의 신중하고 엄정한 검토를 거쳐야 한다는 것이 그 취지였다.

민간인이 기업설립 등을 신청하는 허가원을 제출하면 먼저 일선 행정 부서에서 접수된 서류를 검토한다면서 몇 개월간을 붙들고 있다가

2차 단계로 상급 부서로 넘긴다. 거기서 또 수개월을 경과 한 후 '부처 간 합동 면허 위원회(Interministrial License Committee)'로 이관되고 다시 수개월이 지난 후 주무장관의 승인을 받는 절차로 이어진다.

이 긴 여정 끝에 간신히 승인이 나면 다시 기계수입허가절차와 외자도입 허가절차를 추가로 거쳐야 하며, 은행융자를 받아야 하는 경우에는 그 때까지 거친 것과 꼭 같은 절차를 그대로 반복해야 한다.

그런데 정부 관련 부서 담당자들의 한결 같은 공통점은 허가 신청 사항을 기술적으로 판별할 수 있는 전문지식이 대단히 빈약하다는 사실이었다. 이러한 형식적 관료적 정부 통제가 남긴 것은 생산성의 침해, 경영혁신의 말살, 품질관리의 실패, 인적자원에 대한 투자 감소였다. '면허 왕국(license raj) 인도'라는 낙인은 이래서 생긴 것이며 이로 인한 늑장 행정과 관리들의 부패가 기업의욕을 질식시켜 성장이 억제되어 버렸던 것이다.

인도의 유명한 칼럼니스트 스와미나단 에이야르(Swaminathan Aiyar)는 다음의 예로써 이를 함축성 있게 풀이한다.[12] 오늘 날 세계 제일의 철강왕 락시미 미탈(Lakshimi Mittal)은 인도인이다. 그런데 인도의 전통적인 최대 철강회사는 TISCO(Tata Iron and Steel Co.)이며 대표적 재벌 타타의 계열회사로서 1912년에 설립되었다. 타타가 거대 독점기업이었던 1970년, 네루식 계획경제의 규제와 관료적이고 비능률적인 경제운영의 폐습을 견딜 수 없었던 미탈 가족은 인도를 떠나 인도네시아에서 가내 공업 규모의 공장에서 기업을 시작했다. 30여 년이 흐른 2004년에 와서 미탈이 5천만 톤의 철강재를 생산하고 있는데 비해 TISCO는 4백만 톤을 생산하고 있다. 국내 기업 보호정책에 의해 선철 등의 값싼 원료 공급, 금융지원, 보호관세와 같은 온실 여건과 각종 불합리한 규제 속에서 타타의 기업가 정신(entrepreneurship)이 질식당해 가고 있을 때, 험난한 국제시장의 경쟁에 내 던져져 단련이 된 미탈은

---

12) Swaminomics, *The Times of India*, Oct. 31, 2004.

그 덕분으로 오늘의 모습으로 성장했다는 것이다. 미탈의 해외 생산 현장에서 일하고 있는 인도인 기술자들은 세계 최고의 능력을 갖추고 있는데 비해 타타의 기술자들은 그렇지 못하다는 점 그리고 미탈은 세계 곳곳에 생산 공장을 소유하고 있으나 인도에는 공장이 없다는 사실도 시사적이다.

이상에서와 같이 의회 민주주의와 통제경제 체제의 결합이라는 네루의 이상주의적 모형은 결코 그가 구상하고 희망했던 방향으로 인도를 이끌어 가지 못했고 그 점에서 네루는 비판받는 역사적 인물이 되고 말았다.[13]

오늘의 자본주의 경제가 성장, 발전하게 된 것은 경제 주체들의 이윤추구 동기가 시장의 자유로운 경쟁을 통해 사회적 생산력의 발전으로 연결되었기 때문이다. 물론 상인이나 기업가는 국가나 사회를 생각하지 않고 오로지 개인적 이해만 추구한다는 네루의 진단이 틀린 것은 아니다. 그러나 그러한 개개인들이 자신을 위한 이익추구 노력을 하는 행위가 '시장'이라는 매개체를 통해 여과과정을 거치게 되면 결과적으로 국가나 사회의 공공 이익에 기여하게 된다는 아담 스미스의 교훈을 이해하지 못했던 게 불행이었다.

빈곤과 분배 등 사회문제에 많은 관심을 가졌던 알프레드 마샬은 빈자와 약자를 위해 투쟁하던 마르크스의 휴머니즘적 행동력에는 존경을 보냈으나 그의 이론과 사상에 동조하지 않았던 것은, 개인적 욕구를 바탕으로 한 이윤추구에 모든 것을 다 바치는 상공인의 노력이 사회적 생산력 발전의 원동력이며 이 이윤동기가 억제되면 그 사회는 활력을 잃게 된다는 점을 간파하고 있었기 때문이다.[14] 자유주의 시장

---

13) 네루 모형이 당시로서는 최선의 선택이었다는 반론도 있고, 여전히 자립경제와 평등주의적 계획경제를 지향하는 낡은 주장들을 펴는 좌파 지식인들의 시각도 저변에는 꽤 남아 있으나 대체적인 평가는 부정적이다.

14) Todd G. Buchholz, *New Ideas from Dead Economist*, Penguin Book, 1989(김영사에서 펴낸 이승환의 번역본이 있음).

경제 사상의 선구자 프레데리히 하이에크가 '노예제로의 길(The Road to Serfdom)'에서 강조했던 내용도 이점이다. 특히 하이에크는 인간 지식의 한계성에 주목하여 계획경제의 불합리성을 지적한다. 그는 인간 이성은 사회 질서를 목적 합리적으로 설계하고 디자인하여 인위적으로 구성할 수 있는 능력이 없다고 주장하는데, 그 이유는 개개인이 소유한 지식이 현장지식(지역적 지식)이기 때문이라는 것이다. 그는 지식의 종류를 다음의 세 가지 즉 ①통계적으로 수집 가능한 지식, ②통계적으로 수집 불가능한 지식, ③암묵적 지식으로 분류하고, 그 중 둘째와 셋째의 지식은 정부의 전문가나 관료가 수집하는 것이 불가능하다는 것이다. 다시 말해서 완전한 인지가 불가능한 지식을 바탕으로 세운 계획이 결코 온전할 수가 없다는 것이다. 그리고 개인들 스스로가 자신의 내면에 체화되어 있는 지식을 말로서 표현하기도 어려운데 이를 어떻게 계획을 수립하고 실행하는 관료들에게 정확하게 전달하는 것이 가능 할 것인가. 이것은 시장경제 체제 아래서도 정부가 세운 수많은 계획들이 수정되거나 백지화 되는 등 시행착오를 겪는 사례들에서 확인되는 진리이기도 하다.

계획경제의 철학적 배경은 인도주의에서 나온 것이지만 인간 본성에 대한 통찰 부족으로 실현될 수 없는 이상주의로 흘렀기 때문에 오류를 남기고 만 것이다. 인도는 고대문명을 탄생시킨 곳으로 고대에서부터 상업과 수공업을 발달시켰던 나라이다. 그러나 인도주의적이기는 했으나 오판일 수밖에 없었던 지도자의 의사 결정이 고대로부터 전승해 오던 상인 정신을 죽여 버림으로써 짧지 않은 기간에 걸쳐 인도 국민들이 헐벗지 않을 수 없었던 원인을 제공했던 것이다. 1991년 이후의 개혁으로 계획경제체제가 청산되기 시작하면서 인도가 새로운 가능성으로 떠오르게 되었다는 사실 역시 네루의 선택이 잘 못되었던 것임을 입증해 주는 것이 아니겠는가.

▌네루 식 통제경제의 끝은 외환위기

네루의 농촌 정책 역시 실패한 것으로 평가된다. 전통적 인도 농촌의 자급자족적 틀은 놀랄 만큼 잘 이루어져 있었다. 즉 자급체제의 재생산을 유지될 수 있도록 각종 수공업과 잉여생산물의 교환체계가 섬세한 피륙의 올 실처럼 짜여 져 있었던 것이다. 그리고 각각의 고유한 노동을 담당하는 수십 종류의 자티, 즉 목수 대장간 이발사 소매상 등의 직업이 세습제로서 촌락의 자급경제를 뒷받침하고 있었으며 지금도 그 기본 틀이 유지되고 있는 농촌이 많다.

간디가 주창했던 소생산자 중심의 자급경제 건설은 이런 모습의 농촌을 배경으로 나온 것이었으며, 그 주장이 발전을 향한 미래지향적 내용은 아니었지만 인도의 농촌구조를 보면 이상주의적 사회건설을 꿈꾸었던 간디를 이해하게 된다.

농촌의 경작지는 대부분 자민다르(Zamindar)라 불리는 지주들의 소유로 되어 있었다. 자민다르는 영국통치의 산물로서, 인도의 동부지역을 지배하던 동인도회사가 그 지역의 유력자들에게 조세권을 부여하여 세금을 거두어들이는 대가로 이들에게 토지소유권을 법제화한 것이 그 발생 기원인 것이다. 벵갈 지방에서 탄생한 자민다르 지주제는 세월이 흐르면서 들쭉날쭉 파급이 되어 인도 전역에서 새로운 지주계급을 형성하게 되었다.

독립 후 네루는 사회주의 형 통제경제라는 혁신적 경제 모형을 선택하였으나, 카스트 타파나 농촌 개혁에 있어서는 립 서비스 이상의 실질적 성과는 거두지 못했고 그래서 농촌은 독립 이후에도 정체된 전통적 성격에서 벗어나지 못했다. 그 결과는 만성적 식량부족이었고 미국의 잉여농산물로써 대규모 기아를 겨우 면하는 처지에 놓였던 때도 여러 번 있었다.

1964년 5월 27일에 네루가 서거하자 전국은 비통과, 네루 서거로 혼란이 닥칠지 모른다는 불안에 휩싸였으나 정권 승계는 순조롭게 이루어져 후임 총리로 샤스트리(Lal Bahadur Shastri)가 선출되었다. 그는 정체의 늪에 빠진 경제와 기근을 극복해야 할 숙제로서 인계 받았고 그 대안으로 '시장경제 모형'을 채택했다. 2년이라는 짧은 재임 기간 후에 인디라 간디가 집권하자 이 새로운 시도는 폐기되어 버렸으나, 샤스트리 재임 시 농식품장관(Minister of Food and Agriculture)으로 농업경제 개혁을 주도했던 서브라마니암(Subramaniam)에 의해 인도는 식량 부족국에서 식량 자급국으로 환골탈태하게 되었다.

그는 야당과 좌파 이론가들의 끈질긴 저항과 공격에도 '곡물가격 자유화'의 기본 지침 아래 관개, 비료생산 시설 건설, 영농 기술개발, 다수확 곡물종자의 도입 등을 내용으로 하는 녹색혁명을 추진하여 성공을 이루어 낸 것이다. 곡물가격의 현실화는 농업이윤을 증대시켜 농업생산을 자극하였고, 상황이 이렇게 변하게 되자 버려져 있던 황무지가 개간되기 시작했고 노동을 기피하던 농촌의 브라민들도 농기구를 손에 들고 경작에 직접 뛰어들었던 것이다. 펀잡 지방에서 시작된 녹색혁명은 이후 전국적으로 확산되어 인도는 마침내 식량부족국이라는 불명예를 벗어나 오늘날에는 세계 제2위의 농업생산국으로 발돋움(우유와 차는 1위, 쌀 설탕 과일 채소류는 2위)하게 되었다.

그러나 농업을 제외한 여타 부문에서는 1966년에 집권한 인디라 간디에 의해 사회주의 형 계획경제가 다시 부활되고, 14개 은행에 대한 국유화 조치기 단행되었다.

1980년대 초 한국의 컬러 TV가 인도에 수출되자, 이것이 인도의회에서 문제가 되었다고 한다. 한국을 과소평가 하고 있던 그때까지의 분위기로 볼 때 그것은 의회의 질의사항이 될 수 있는 내용이 되고도 남았을 것이다. 한국이 이렇게까지 성장할 동안 인도는 무엇을 하고 있었느냐는 질책에 간디 총리는 다음과 같이 답변했다는 것이다.

"한국은 경공업 위주의 소비재 산업을 집중 육성해 왔으나, 인도는 중공업을 중심으로 기간산업을 발전시켜 왔으므로 결코 인도경제가 한국에 뒤진 것은 아니다. 우리는 인공위성을 발사하지만 이러한 부문에서는 한국은 꿈도 꾸지 못하고 있다."

-왜 대부분의 국영기업이 적자에서 벗어나지 못하는가?

"국영기업의 최우선적 목표는 고용확대이다. 고용위주의 경영을 하다 보면 적자는 불가피하다."

세계시장이 하나로 통합되어 국가 간의 경제적 경쟁이 총성 없는 전쟁이라고 까지 불리는 오늘의 시점에서 보면 참으로 어이없는 대답이었지만 당시에는 그런 대답도 수용이 되었던 모양이다.

어쨌든 이 같은 답변에 이의가 없었다는 데서 계획경제의 특성을 보게 된다. 계획 경제체제 아래서 비능률 경영이 지속되면서 재정적자가 누적되었고 조달된 외자는 적자재정을 메우는 데 낭비되는 등, 인도경제는 그 속에 위기를 잉태해 가고 있었다. 공장건설이 완공도 되기 전에 고용을 늘인다는 명분을 앞세워 현장 직원을 채용하고서는, 출근은 했으나 할 일이 없어 앉아 노는 직원들에게 정부예산으로 임금을 지급하는 황당한 일이 이 시기의 인도에서 일어난 엄연한 사실이다. 밀려드는 주문량을 소화시키느라 정부 명령에 의해 규정되어 있는 '생산 할당량'을 초과하여 오토바이를 생산을 했다는 이유로 오토바이 생산업체의 기업주가 의회 청문회에 불려 나가야 했던 웃지 못 할 희화적 일화도 엄연한 사실이다. 독점생산을 방지한다는 이유로 정부가 일정 규모 이상 기업들에 대해서는 제품생산량을 제한했던 것이다. 이 모두 계획 경제의 모순을 전달 해 주는 일화들이다. 통제경제의 이러한 문제점을 알지 못했던 시대에 네루가 빈민과 약자를 보호한다는 취지 아래 계획경제 노선을 채택했던 것은 시대의 양심이었다고 해석할 수 있지만, 이미 계획 경제의 문제점이 노출되기 시작했던 시기에 샤스트리 전임 총리가 개방 쪽으로 바꾸어 놓은 방향을 계획경제로 되돌린 인디라 간디의 정책상의 후퇴는 무엇으로도 변명될 수 없는 실책이었다.

1991년 6월에 출범한 라오(N. Rao) 정부는 1990년 12월에 IMF가 제시했던 재정적자 축소를 조건으로 한 차관의 재개 및 경제 개혁안을 수용하여 시장경제체제로의 전환을 위한 개혁 정책을 도입하였고, 그로부터 인도경제는 비로소 도약의 기반을 마련하게 되었던 것이다.

그러나 오랜 기간의 정부통제와 보호에 길 들여져 온 비효율적 체질이 개혁 주체들의 바람처럼 쉽게 바뀌지는 않았으며, 관료와 기득권층의 방해로 경제개혁의 진전이 순조롭지만은 않았다. 예컨대 인도 기업인들이 관료 상대에 할애해야 하는 시간이 전체시간의 15.9%라는 데서도 이런 면모가 드러난다.[15] 대기업 및 국영기업들의 낡은 관습이 청산되는 데에는 시간이 필요하며, 국영기업의 민영화도 각가지 장애물로 인해 계획대로 추진되지 못하고 있다. 그런 가운데서도 경제개방 십 수 년이 지난 2002~2003년부터는 변화의 속도가 눈에 띄게 가속화되기 시작하여 동(同) 기간에 평균 GDP 성장률이 약 9%에 달하게 되었다. 세계 각국 다국적기업들의 대(對)인도 투자도 늘어나기 시작하였고 다국적기업으로 변신하는 인도 기업도 등장하게 되었으며, 서구기업을 인수 합병하는 사례도 심심찮게 일어나고 있다. 이런 변화가 진행되면서 인도 경제의 글로벌화도 빠른 속도로 진행되고 있는데 인도의 대표적 재벌 타타(Tata)는 2008년에 포드로부터 재규어, 랜드 로버를 인수하는 한편 대우 자동차의 상용차 부문을 인수하여 한국에도 진출했다.

---

15) 중국은 11.4%, OECD 5.8%, 남미는 4,3%, 인도 경제 잠재력4 평가와 대응, ISSUE PAPER, 삼성경제연구소, 2003.8.11, p.42.

제2장
외환위기 이후 경제개혁이 성장의 전기

1. 1990년 외환위기의 직·간접적 원인들

▌외환위기의 직접적 배경

1991년은 독립 이후 인도경제의 역사에서 가장 중요한 전기(轉機)를 기록한 해이다. 1990년 후반기부터 인도는 누적되어 온 국제수지 문제에다 예기치 못한 대내외 경제환경의 악화로 극심한 외환위기를 겪게 되었고, 이 위기는 결국 1991년 6월 IMF 구제금융이라는 사태로까지 발전하였다. 인도가 이 위기를 극복할 수 있을지 당시 인도경제에 대한 국내외의 전망은 매우 불확실하였다. 그러나 위기 이후 인도경제는 연평균 9%에 가까운 고도성장을 기록해 왔으며, 그로부터 10년이 지난 2000년 이후부터는 실질구매력 기준 세계 4위의 경제대국이자, 21세기 세계경제의 핵심 산업으로 불리는 IT산업에서 미국에 이어 세계 2위의 강국으로 부상했다. 많은 인구와 거대한 시장, 풍부한 자원 등 인도의 잠재력은 일찍부터 중국과 비교되어 왔으나, 이제 더 이상 잠재력만이 아니라 실제 경제력 면에서도 친디아(Chindia)라는 신조어가 생겨 날 정도로 성장하여 그 이전에 비하여 국제적 위상이 대단히 높아 졌다.

　인도가 이토록 괄목할 만한 성과를 이룩할 수 있었던 요인은 무엇보다도 외환위기와 IMF 구제금융 이후 지속적으로 추구해 온 경제개혁의 성과 때문이라고 해야 할 것이다. 독립 이후 인도의 경제발전전략은 기본적으로 소련 등 구 사회주의 국가들의 그것과 유사한 계획경제 모델이었고, 자원배분의 주요한 부분을 시장이 아닌 국가가 담당해 왔다. 또 일찍이 동(東)아시아 신흥공업국들은 물론 1980년대를 전후해 중국과 동남아의 후발 공업국가들이 이른바 수출주도형 성장전략을 채택해 세계경제와의 긴밀한 통합을 통해 고도성장을 이룩할 때까지도 인도는 이른바 수입대체 산업화의 기본전략을 고수한 채 폐쇄적 경제체제를 운용해 왔다. 그러나 외환위기 이후 구제금융을 제공한 IMF의 제안을 받아들여 취한 개혁·개방조치들은 인도의 경제구조 및 체제를 일신시켰다. 이러한 개혁과 경제구조의 쇄신을 통하여 인도경제는 거시적·국민경제적 차원과 미시적·개별기업적 차원 모두에서 새로운 경쟁력과 효율성을 제고시킴으로써 21세기의 새로운 잠재적 경제대국으로 부상하게 된 것이다.

　독립 이후 인도경제의 지속적인 비능률과 저생산성의 누적된 결과는 1991년의 외환위기였다. 먼저 외환위기의 단기적인 원인을 보면, 가장 직접적인 계기는 1990년 8월 이라크의 쿠웨이트 침공으로 시작된 걸프전(戰)의 발발이라고 할 수 있다. 걸프전의 발발로 석유가격이 상승하고 중동진출 근로자의 외환송금이 중단되자 인도의 외환보유고가 격감하게 되었던 것이다. 유가상승으로 1989/90년 총수입(약 213억 달러)의 약 17.7%인 37억 7,000만 달러였던 인도의 원유수입은 1990/91년에는 총수입 (약 241억 달러)의 약 25%인 60억 달러로 대폭 상승하였다.[1] 또한 옛 소련 및 동(東)유럽의 사회주의 붕괴로 수출시장이 축

---

1) 인도의 회계연도는 4월에서 익년 3월까지이다. 연도 표기를 1951/52년, 1990/91년 등으로 한 것은 이 때문이다. 그러나 서술의 편리를 위하여 앞으로는 혼동

소되어 1980년 총수출의 약 22.1%를 차지하고 있던 이들 지역에 대한 수출 비중이 1990년에는 17.9%, 1991년에는 10.9%로 낮아졌다. 그 결과 1990년 무역수지 적자는 약 59억 달러를 넘어섰으며, 반면에 1989년 약 13억 달러에 달하던 해외거주 인도인(Non-Resident Indians : NRI)의 외화예금도 1990년에는 2억 2,900만 달러로 대폭 감소되었다.[2] 이에 따라 인도의 외환보유고는 1991년 6월 약 11억 달러로 하락하였으며, 대외신용의 악화는 중장기 외채 도입을 더욱 어렵게 만들었다. 한 예로 1990년 상반기에는 약 3억 4,100만 달러를 도입하였던 상업차관도 하반기에는 단지 1,500만 달러밖에 조달되지 않았다. 여기에 해외거주 인도인(NRI)들의 외화유출 사태까지 겹치면서 극도의 외환위기를 겪게 되었던 것이다.

한편 1980년대 후반의 정치적 혼란도 인도의 외환위기를 초래한 배경이다. 인디라 간디 전 총리를 뒤이은 라지브 간디 정부는 1984년 12월 총선에서 사상최대의 의석을 확보하는데 성공하였다. 그러나 그 압승은 어머니 인디라 간디 총리가 저격으로 사망한데 대한 반시이익이었을 뿐이었다. 총선 직후부터 연이은 정치 스캔들과 당내 내분으로 라지브 총리는 1989년 총선에서는 과반의석의 확보에 실패하고 정권을 자나타 달당(Janata Dal Party: JP)의 씽(V. P. Singh) 총리에게 넘겨주게 되었다. 이런 와중의 정치적 혼란 역시 외환위기를 가속화한 원인이 되었다.

그런데 외환위기를 초래한 보다 근본적인 원인은 제1장 4절에서 상세하게 서술되어 있듯이 특유의 저효율과 광범한 도덕적 해이를 불러일으키는 계획경제체제라는 제도적이고 구조적인 배경에서 찾아야 할

의 여지가 없는 한 1951/52년은 1951년으로, 1990/91년은 1990년으로 표기하기로 한다.

2) 인도경제에서 NRI로부터 보내오는 해외송금 규모는 결코 무시할 수 없는 비중을 차지하는데, 특히 중동 특수가 높았던 80년대 초반의 경우 중동 지역 NRI의 송금은 총수출의 1/4, 수입의 1/6에까지 이르렀었다.

것이다. 낮은 생산성, 비능률, 부패 등으로 독립 이후 지속적으로 누적
되어 왔던 경제적 모순들이 걸프전과 같은 단기적인 요인과 더불어 정
치적 혼란이라는 도화선에 점화되면서 폭발한 것이 외환위기였던 것
이다. 1990년의 외환위기의 배경에 1980년대 인도경제의 고도성장이
있었다고 한다면 역설적으로 들리겠지만, 그 고도성장이 막대한 재정
적자를 수반했던 정부투자에 의하여 이루어졌던 양적 확대의 결과였
을 뿐이라는 점을 생각하면 쉽게 수긍이 가리라고 본다.

1980년대 들어 인도는 제6차(1980~1984) 및 제7차 경제개발 5개년
계획(1985~1989)을 통해 연평균 6%의 높은 성장을 달성했지만, 이 과
정에서 인도경제의 고질적인 문제점들은 오히려 심화되어 왔다. 즉 인
디라 간디 및 라지브 간디 정부는 총수요확대를 통한 경제성장을 이루
기 위하여 재정지출을 확대하고 중단기 외자조달을 통해 막대한 자금
을 자생력이 없는 공기업에 집중 투자하였다.3) 이에 따라 재정적자와
외채가 급증하게 되었고, 전체 GDP 생산의 약 30%를 차지하고 있던
공기업의 부실화는 더욱 심화되었다.4)

---

3) 독립 이후 계획경제 체제를 유지해 왔음에도 불구하고 사실 1970년대까지 인
  도경제에서 정부재정의 비중은 그다지 높지 않았다. 이것은 인도정부가 인플
  레이션 저지선 내에서 재정을 운용하는 등 비교적 보수적으로 운영해 왔기 때
  문이었다. 특히 네루 총리 등 인도의 경제발전전략을 수립한 당사자들은 인플
  레이션이 빈민에게 해를 끼치며 경제에 대한 통제의 상실과 국가의 역할의 포
  기를 가져온다고 생각하였다. 인도에서 재정적자가 본격적으로 누적되는 것은
  1980년대 경제성장을 위해 확장적 재정정책으로 전환하면서부터이다.
4) 제1차 5개년 계획기간 중 공기업에 투자한 자금은 5개 기업에 모두 2억 9천만
  루피였다. 그러나 1980년부터 시작된 제6차 계획기간 중에는 179개 기업에 약
  1,553억 루피를 투자하였고, 7차 계획기간 중에는 246개 기업에 1조 1,390억
  루피를 투자하였다. 이처럼 엄청난 투자에도 불구하고 공기업의 부실화는 점
  점 심화되어 갔는데, 1991년 246개 공기업 중 102개 기업이 적자상태, 10개 기
  업이 손익분기점 상태에 처해 있었다. 조충제, 「주요 선진국의 대(對) 인도경제
  협력 현황과 우리나라의 경협방향」, 대외경제정책연구원, 1994, p.21.

<표 2-1> 외환위기 직전의 인도경제 주요지표

(단위 : %, 100만 달러)

	재정수지	무역수지	경상수지	외채비율	외채부담률	외환보유액
1980/81	-10.0	-4.4	-1.2	11.9	9.2	3,105
1981/82	- 9.3	-3.8	-1.5	12.6	10.4	2,253
1982/83	-10.7	-3.2	-1.3	14.9	13.9	2,677
1983/84	-10.7	-2.8	-1.1	16.0	16.7	3,344
1984/85	-12.4	-2.9	-1.2	17.5	18.2	4,056
1985/86	-11.7	-3.7	-2.3	19.2	22.4	4,397
1986/87	-14.0	-3.2	-2.0	21.2	30.0	4,565
1987/88	-13.3	-2.8	-1.9	21.6	30.3	4,305
1988/89	-12.7	-3.5	-2.7	22.3	29.2	3,942
1989/90	-14.0	-2.9	-2.3	23.9	34.3	3,503

주 : 재정수지 및 외채비율은 대(對) GDP, 무역수지 및 경상수지는 대(對) GNP
비율임.
자료 : Government of India, Economic Survey 1990-91, New Dehli, 1991.

한편 막대한 투자로 GDP 대비 재정적자 규모는 70년대의 약 4%
수준에서 제6차 계획기간에는 약 6.3%, 7차 계획기간에는 약 8.2%로
증가하였다. 재정압박의 가장 주요한 원인은 정부 보조금이었다.[5] 이
러한 재정적자를 보전하기 위해 인도정부는 외채도입에 의존하게 되
었고, 그 결과 1970년대까지는 약 200억 달러에 불과하였던 외채 규모
가 1990년에는 약 840억 달러로 확대되었다. 이에 따라 1980년도에는
9.2%에 불과했던 인도의 외채부담률(debt-service ratio)이 1989년에는 상
환불능 수준인 30%를 훨씬 넘는 34.3%까지 기록하게 된 것이다. 외채
를 포함한 총 공공부채의 규모는 70년대 GDP 대비 40%에서 80년대에
는 60%로 대폭 확대됨으로써 인도경제의 구조적 위기요인은 더욱 심

---

5) 1993년 정부보조금 규모는 중앙정부가 약 1,300억 루피, 지방정부들이 840억
루피에 달했는데, 이 가운데 85%가 식량에 지출되었다. 이러한 정부보조금 규
모는 정부지출의 10%, 경상지출의 20%에 해당되는 것이었다. Rohwer, J. *Asia
Rising*, New York, Simon & Schuster, 1995, p.190. 이러한 재정적자는 인도의
경제개혁에 중요한 걸림돌이 되어 왔다.

화되었다.[6] 반면 외환보유액은 1986년의 45억 달러에서 1989년에는 35억 달러로 급감하였다. 인도의 외환위기를 가져 온 요인은 이미 이때부터 심각한 정도로 누적되어 왔던 것이다.[7]

▌독립 후 개발전략의 비현실성

1980년대의 경제적 성과가 역설적으로 외환위기를 초래한 직접적인 원인이 되었다는 점은 1990년의 외환위기가 보다 근원적인 원인을 가지고 있다는 점을 보여 준다. 라오 총리가 집권하여 위기극복을 위한 경제개혁에 착수하면서 비로소 이러한 인도경제의 근본적인 문제점들에 대한 반성과 분석이 본격적으로 제시되었던 것이다.

독립 이후 인도의 경제발전과정은 크게 다음과 같은 몇 단계로 구분해 볼 수 있다. 즉 ①자립경제 기반확충(1947~1965) ②농업개발 및 인민주의 추구(1965~1980) ③과도기(80년대) ④개방 및 자유화 정책(90년대) 등이 그것이다. 제1기는 독립 직후의 제1차 계획과 네루-마할라노비스 모델이 본격적으로 추진되는 제2차 및 제3차 계획의 기간이다. 이 시기 동안 경제개발의 가장 주요한 목표는 중화학공업화를 통

---

6) 대부분의 개발도상국에서 외환위기의 주요한 원인은 재정적자와 국제수지적자이다. 이런 점에서 보면 인도의 외환위기는 남미(南美) 국가들의 그것과 유사하게 보인다. 그러나 인도는 비교적 거시경제가 안정적이었다는 점에서 극한적인 위기의 양상을 보인 남미 국가들만큼 심각하지는 않았다. 또 국가의 규제가 광범하고 강력하게 나타나기는 했지만 그래도 상대적으로 발달한 민간부문과 금융부문을 가지고 있었다는 점에서 동유럽의 사회주의 국가들과도 다른 양상을 보인다. 인도가 남미에 비해 낮은 사회적 비용으로 개혁을 추진할 수 있었던 것은 바로 이러한 이유에서였다.

7) 1990년 3월 씽 정부가 내놓은 예산안은 이러한 상황을 반영하여 재정적자를 줄이고 국제수지 문제를 해결하기 위한 시도를 담고 있었다. 실제로 동년 8월까지 인도의 경제상황은 어느 정도 개선되는 듯이 보였다. 그러나 1990년 8월 걸프전이 발발하고 국내 정치가 혼란을 거듭하면서 결국 외환위기 사태를 겪게 된 것이었다.

한 자립경제기반의 확충과 국민소득의 증대였다. 제2기는 1960년대 중
반에서 80년대에 이르기까지의 기간으로, 이 기간에는 네루 사망 이후
의 정치적 혼란과 기타 대내외적인 환경의 변화로 자유화 정책이 일시
적으로 채택되었다가 인디라 간디가 집권하여 강력한 복고정책을 폄
으로써 자유화가 후퇴해 버렸던 시기이다. 중화학공업 중심의 개발정
책으로 인한 농업부문이 심하게 피폐해 있었고, 그 위에 잦은 정권교
체 속에서 민심을 의식하는 대중영합주의가 작용하여 이 시기의 정책
들은 농업의 보호와 평등주의적 목표들에 보다 높은 가치를 두고 있었
다. 제3기인 80년대는 많은 우요곡절 속에서 대내외적인 자유화 조치
들을 통해 국제경쟁력을 강화하려는 시도가 있었으나 역시 통제경제
의 유산을 극복하지는 못했던 시기였다. 이 같은 혼선 속에서 오히려
과도한 정부투자와 공공부문의 확대가 이루어짐으로써 1990년의 외환
위기를 초래한 직접적인 원인이 된 시기이기도 하다. 독립 후 계속되
어 온 저발전 저성장으로 경제가 심하게 침체하게 되자 이를 정부투자
의 확대로써 해결 해 보려는 시도를 하게 되었다. 그러나 심한 재정
적자라는 희생 위에서 이루어진 정부투자는 공공부문을 양적으로만
확대시켰고 그런 가운데 저효율과 도덕적 해이 그리고 생산성 저하라
는 폐해만이 더욱 심하게 누적되어 갔을 뿐이었다. 결과적으로 누적된
재정적자와 저효율적인 생산 그리고 대외 부채는 외환위기의 요인을
잉태시켜 갔던 것이다. 제4기는 1990년의 외환위기와 91년 라오 정부
가 채택한 개방경제정책 이후의 시기이다. 이 기간은 경제개혁과 구조
조정을 통해 당면한 위기를 극복하고 독립 이후 고착화되어 온 인도경
제의 구조와 질서를 경쟁적 시장경제와 개방체제로 전환한 시기였다.
<표 2-2>는 독립 이후 인도의 경제개발계획의 기본목표와 성과들을 요
약해서 정리한 것이다.

　　2차 대전 이후 독립한 대부분의 개발도상국들과 마찬가지로 독립
당시 인도경제가 안고 있던 가장 중요한 과제도 피식민지 지배 기간에

왜곡되고 기형적으로 성장해 온 경제구조와 전근대적 잔재들을 청산하고 자립경제의 기반을 구축하는 것이었다고 할 수 있다.[8] 1951년부터 제1차 경제개발 5개년계획(1951/52~1955/56)을 추진하였으나, 이 계획의 주요 내용은 영국 통치시절이나 그 이후부터 건설 중에 있던 사업을 재추진하거나, 계획 중이던 사업들을 실행에 옮기기 위한 공공지출을 실시하던 시기였다.[9]

인도정부의 개발계획이 본격적으로 수립된 것은 1956년부터 시작된 제2차 경제개발 5개년계획(1956/57~1960/61)과 이어지는 제3차 5개년계획(1961/62~1965/66)에서였다. 1954년 국민회의당이 장악하고 있던 인도의회는 앞으로 인도가 자립경제 기반을 달성하기 위하여 추구해야 할 사회경제정책의 구체적 목표를 '사회주의 형 사회(Socialistic Form of Society)'의 실현에 두어야 한다고 결의하였다.[10]

---

8) 독립 당시 인도의 국민소득은 865억 루피, 1인당 소득은 247루피(약 50$)였다. 취업인구 중 공업인구는 9%에 불과했고 70%가 농업에 종사하였다. 국민소득의 부문별 분배율을 보면 농업소득이 49%, 제조업 및 광업 부문이 17%, 운수 및 서비스 부문이 34%로 1차 산업 중심의 경제구조를 가지고 있었다.

9) 이 시기의 발전전략 중에서 이후 인도경제에 심대한 영향을 미친 것은 1948년의 산업정책결의(Industrial Policy Resolution)였다. 그 주요내용은 중점 생산부문 및 국가산업 부문의 창설, 민간부문의 적극적 역할 보장, 노사평화 확립, 자본 및 기술시장 개방 등이다. 이 결의의 골격은 경제활동에 대한 국가개입을 강조하는 것이었다. 구체적으로 공업부문을 제1범주(군수산업, 원자력, 철도운수 등 중앙정부에 의해 독점되는 3개 산업), 제2범주(석탄, 철강, 항공기, 조선, 전화, 광업·석유 등 신규 사업의 설립 시에 중앙정부 및 지방정부가 배타적 접근권을 가지는 6개 산업), 제3범주(국익상의 관점에서 중앙정부의 계획, 규제의 대상이 되는 부문), 제4범주(국가가 개입한다는 유보조항을 둔 채 기본적으로 민간부문에 개방된 부문)의 네 부문으로 나누고 공업개발에서 국가가 주도적인 역할을 완수할 것을 명시하고 있었다. 이 결의는 뒤에 「56년 결의」로 수정되었다. 또 1947년에는 수입을 금지 또는 제한한 "수입조정법"이, 1951년에는 "산업개발규제법"이 각각 제정되었다. 산업개발규제법은 새로운 공장의 설립, 생산능력의 대폭 확장, 신제품의 제조, 공장입지의 변경 등 중요한 4개 영역에 대해 정부 허가를 의무화하였고 이런 조치들이 결과적으로 기업의욕을 심하게 억제했다.

<표 2-2> 인도의 경제개발계획

기 간		주요목표	기간중 연평균 성장률		
			국민 소득	공업	농업
제1차	1951/52~55/56	국민소득 증대, 생활수준의 향상	3.6	7.3	4.1
제2차	1956/57~60/61	국민소득 향상과 중화학공업	4.0	5.6	4,0
제3차	1961/62~65/66	자립경제 기반구축	2.3	2.0	1.4
계획휴일	1966/67~68/69	인도-파키스탄 분쟁, 통화불안, 가뭄 등으로 제4차계획 연기, 매년 임시계획 운용	3.7	2.0	6.0
제4차	1969/70~73/74	농업생산량 안정, 경제력 집중 방지	3.3	4.7	2.9
제5차	1974/75~78/79	인플레이션 억제, 자립경제 확립과 빈곤계층의 소득확대	4.9	5.8	4.2
1개년계획	1979/80	제5차 계획의 종결	-6.0	-1.4	-15.2
제6차	1980/81~84/85	인프라 스트락쳐 확충, 빈곤 퇴치	5.6	6.6	3.5
제7차	1985/86~89/90	식량증산, 고용기회 확대 및 생산성 향상	5.8	6.5	3.4
임시계획	1990/91~91/92	정권교체와 경제위기로 임시계획 운용	3.1	4.3	0.9
제8차	1992/93~96/97	시장체제로의 전환과 국제경쟁력 강화	6.5	8.1	3.6
제9차	1997/98~01/02	경제위기 극복, 신경제계획	국민소득성장률 목표 7%		

자료 : 여러 자료를 종합하여 작성.

이 결의는 인도의 경제개발계획이 경제의 양적 성장뿐만 아니라 평등 및 자립이라는 복합적인 목표를 지향하고 있었음을 의미하였다.[11]

---

10) 이른바 "사회주의 형 사회"의 정확한 개념과 그것이 구체적으로 어떤 사회를 지향하는가에 대해서는 많은 논란이 있다. 이에 대한 보다 자세한 설명은 박종수·김용환·백좌흠·이상진, 「인도의 식민지화와 독립 후 사회경제 구조변화」, 『지역연구』, 1993, p.239를 참조할 것. 어떤 연구자들은 1954년 인도 의회의 결의가 당시 국민회의당의 지도자였던 네루(J. Nehru) 총리의 경제관을 적극적으로 반영한 것이었다고 지적한다. 네루는 영국의 귀족교육을 받은 페이비안 사회주의자로서 상공인에 대한 불신, 가격기구의 배분적 기능에 대한 폄하, 소련식 계획체제에 대한 호감, 그리고 빈민을 우선적으로 배려하는 평등주의적 경제관을 가지고 있었다는 것이다. Joshi & Little, *India: Macroeconomics and Political Economy 1964-1991*, 1994, pp.8~9.

11) Dutt & Kim, "Market Miracle and State Stagnation? The Development Experience

그리고 단순한 수사(修辭)에 그치지 않고 인도의 경제개발과정의 흐름과 틀을 규정하는 중요한 요인이 되었다.

그러한 목표와 경제관이 구체화되어 나타난 것이 바로 네루 총리와 당시 계획위원회(Planning Commission)의 위원장으로 활동하던 마할라노비스(P. C. Mahalanobis)에 의해 입안된 이른바 네루-마할라노비스 모델이었던 것이다.

네루-마할라노비스 모델은 기본적으로 중앙계획에 의한 전체 경제의 통합과 중공업 우선의 투자를 통해 경제 전반을 견인해 나간다는 계획으로서, 소련이 사회주의 혁명 이후 채택했던 경제개발 모델과 유사한 발상에 기초한 것이었다.[12] 이 모델의 핵심은 폐쇄경제체제의 조건하에서 공업부문을 생산재 생산부문과 소비재 생산부문으로 나누어, 전자에 대한 투자배분을 증가시킬수록 장기적으로 경제성장률이 높아질 것이라는 믿음에 있었다. 요컨대 네루-마할라노비스 모델은 자립경제와 사회적 정의라는 목표를 달성하기 위한 인도의 경제사회 발전 전략으로서 대규모 공업투자에 의존하는 수입대체적 중화학 공업화의 추진을 지향하고자 기도했던 것이라고 할 수 있다.

한편 이러한 발전전략에 기초하여 산업정책의 기본 틀도 이 시기에 확립되었다. 대표적인 예가 바로 1956년의 산업정책결의(Industrial Policy Resolution)인데, 이 결의는 사회주의 형 사회의 실현이 사회경제정책의 목표로 설정되고 제2차 5개년계획에서 중화학공업 우선정책이 세워짐에 따라 '48년 결의'의 내용을 보다 확대 심화시킨 것이었다. 즉 '56년 결의'는 사회주의 형 사회의 실현과 계획에 의한 빠른 발전을 꾀하기 위해 "기초적, 전략적 중요성을 가진 산업과 공익사업적 성질을 가진

---

of South Korea and India Compared," *The State, Markets and Development*, 1994, p.189.

12) 어떤 이는 인도 발전계획의 기본적인 특징은 소련식 공산주의 계획경제체제 속에서 폭력은 제외시키되 사적 소유는 인정한 것이라고 평가하기도 한다. Rohwer, *Asia Rising*, 1995, p.177.

산업, 나아가 국가밖에 담당할 수 없는 대규모의 투자를 필요로 하는 산업은 모두 공공부문이어야 한다"고 선언하였다. 그 구체적인 내용을 보면 결의는 공업부문을 제1범주(신규 사업의 설립 시 국가가 배타적 책임을 지는 부문), 제2범주(민간부문에 활동의 기회를 인정하면서도 국가에 의한 신규 사업의 설립이 점차 확대되어 가도록 예정되어 있는 부문), 제3범주(장래의 발전이 민간부문의 주도와 기업에 위탁되는 부문)의 세 범주로 구분하였는데, '48년 결의' 당시 제1범주와 제2범주에 속하는 산업이 9개 부문에 지나지 않았던 데 반해 '56년 결의'의 제1 범주는 17개 산업으로 확대되었다. 여기서 알 수 있듯이 '56년 결의'는 '48년 결의'에 비해 공공부문의 확대를 한층 더 강조한 것이었다.13) 또한 1947년에 만들어진 '수입조정법'에 따라 1955년에는 수입조정 대상 품목을 선정하여 수입을 허가하는 Positive List System이 실시되었다. 수입허가 대상이 되는 모든 품목들은 포괄수입승인품목(Open General Lisence)으로 규정되었으며, 이 품목들은 다시 자본재, 원자재, 소비재, 부품, 공구와 예비품으로 구분되어 최종소비자의 확인을 받은 후에야 정식 절차를 거쳐 수입하도록 했다.14)

네루-마할라노비스 모델의 수립 이후 인도의 경제발전이 일관되게 그러한 방향으로만 전개되어 간 것은 아니었다. 네루 사후 샤스트리 정부(1964~1967)는 제2차 및 제3차 계획에서 추진된 중화학공업 및 공공부문 중심의 정책체계가 공업정체, 식량부족, 국제수지 악화, 그리고 인플레이션의 만연과 같은 경제침체의 근원이라는 인식에 따라 루피화(貨)의 평가절하를 포함한 일련의 자유화 조치들을 취하였다. 그러나

---

13) 물론 '56년 결의' 역시 명목적으로는 공공부문과 민간부문의 분리와 민간부문의 역할을 규정하고 있었다. 그러나 1960년대 이후 공공부문은 원칙과는 무관하게 부실기업을 인수하는 방식 등으로 소비재 분야에까지 영역을 크게 확대시켜 나갔다.

14) 포괄수입승인제도는 1988년에 어느 정도 완화되었다가, 1992년 4월 라오 정부의 개혁조치들과 함께 비로소 Negative List System으로 개정되었다.

집권 2년 후인 1969년에 그가 급서함으로써 정권을 이어 받은 인디라 간디 총리는 사외주의 형 경제체제의 부활을 정부의 목표로 내걸고 14개 상업은행의 국유화와 독점방지법의 제정 등 공공부문의 영역을 확대하고 민간부문에 대한 규제를 강화하였다. 1970년대 들어오면서 경기침체와 석유파동은 인도정부로 하여금 다시 경제자유화 정책과 규제완화를 추진하게 만들었다. 이러한 자유화 조치들은 자나타 달 정부(1977~1980)에 의해 계승되었으나 이 정부의 무능과 단명 그리고 정치혼란으로 인해 제대로 추진되지 못했다.

이처럼 네루 사후(死後) 정권교체와 대내외 환경의 변화에 따라 자유화를 지향한 정책시도가 있었으나 기본 노선은 계획경제 통제경제에서 벗어나지 못했다. 이때의 자유화 조치들은 근본적이고 장기적인 것이라기보다는 경제위기에 대응한 임시방편적인 성격의 것이었기 때문에 더욱 대세를 뒤집지는 못했던 것이다. 80년대에 와서 다시 자유화 정책이 시도되기는 하였으나 정착되지는 못했다. 이 역시도 인도경제의 구조를 근본적으로 개혁하려는 뚜렷한 의지의 소산이 아니라, 더이상 공공투자의 확대를 통해서 공업성장을 지속하는 것이 불가능하게 된 상황에서 자유화를 통해 민간부문을 활성화해 보려는 미봉적 조처였던 것이다. 민간부문의 활동영역은 확대되었지만 산업정책의 규제적 측면은 여전히 청산되지 않은데다가 자유화에 따르는 제도적 개혁과 경쟁질서의 확립이 제대로 이루어지지 못함으로써 시장경쟁을 통한 산업합리화는 이루어질 수 없었다. 1980년대 자유화 정책은 근원적 체질 개선 없이 추진되어 결과적으로 정부에 의한 공공투자의 규모만 확대되었고 1990년에 외환위기를 맞았던 것도 이러한 사정과 무관하지 않다. 요컨대 외환위기 이후의 라오 정부에 의해 신경제정책이 추진될 때까지 인도의 경제정책은 굴곡을 거친 것이 사실이지만, 계획경제의 불합리성과 저 효율이라는 구조적 특징과 문제점들은 네루 시대에 처음 형성되고 고착화된 이후 거의 변함없이 유지되었고 때로는 강화되기도 했던 것이다.

▌개방 이전의 불합리한 시스템과 저효율 경제

독립 이후 경제개발계획 기간의 발전전략과 경제구조에서 나타나는 기본적인 특징과 문제점은 다음과 같이 요약된다.

첫째는 혼합경제적 계획경제였다. 이에 따른 국가의 과도한 규제, 공공부문의 비효율성 등은 인도경제가 오랫동안 정체하게 되었던 가장 큰 요인이다. 그리고 경제에 대한 통제가 비현실적이고 지극히 관료적이었다. 예를 들어 개별기업에 대한 통제의 측면에서 보면 생산능력에 대한 허가는 계획위원회에서 이루어졌다. 위원회는 상당히 복잡한 투입산출모델을 사용하여 계획의 목표와 일치하도록 주요 생산물이나 생산물 범주에 대한 목표를 설정하였다. 그러나 이는 허가의 결정에 도움을 줄 만큼 구체적이지 못했다. 뿐만 아니라 목표의 결정은 객관적 사항들보다는 기존업자와 신규 진입자들 간의 이해관계의 상충에 더 큰 영향을 받았다. 책임 있는 기관들은 정확한 최신의 정보를 필요한 만큼 상세히 얻지 못하였고, 통제체제의 구성요소들은 목표를 달성하는 데 일관되지도 못하였다. 거시경제적 측면에서 보면 통제의 실패는 더욱 두드러진다. 정부는 수입, 자본이동, 노동시장, 가격 등에 대해 통제를 실시해 왔다. 그러나 수입 통제는 생산과 자본투자를 저해시키고 경제의 탄력성을 상실케 했다. 자본이동에 대한 통제에도 불구하고 대규모 불법해외자산의 보유가 이루어졌으며, 노동자의 해고를 엄격히 제한한 노동시장 통제는 장기적으로 공업고용을 감소시켰을 따름이다. 인플레이션을 저지하기 위한 가격통제는 물자부족과 배분의 비효율성을 가져왔으며 부적절한 투자와 생산비의 상승을 가져 오는 등 심한 시장왜곡을 초래했다.

둘째는 폐쇄주의였다. 인도는 독립 이후 자급자족과 자립경제의 달성을 위해 국내시장 중심의 경제개발을 추진하는 한편 외국자본의 도입을 억제하는 폐쇄경제정책을 추진해 왔다. 이를 위해 인도정부는 수입대체산업을 육성하고 자립경제의 기반구축을 위한 농업부문과 기간산업 및 중화학공업을 적극적으로 지원한 반면 수입에 대해서는 원유, 의약품, 플라스틱제품, 펄프 및 제지, 화학비료 등 국내생산 부족분에 대해서만 엄격한 통제 하에 허용해 왔으며, 수출은 이러한 수입품들을 구매하기 위한 외환조달의 수단으로 간주하였다. 이러한 폐쇄경제정책에 따라 인도경제의 무역의존도는 다른 개발도상국에 비해 매우 낮았으며 세계시장에서 차지하는 비중도 1991년의 개방정책으로 선회하기까지 약 40여 년 동안 오히려 감소되어 왔다. 1950년대 인도의 무역비중은 2%대였으나 1991년에는 0.53%에 불과하였다. 무역과 마찬가지로 외국인투자에 대해서도 제한정책을 실시해 왔는데, 비교적 자유화 조치들이 확대된 80년대 중후반에서조차 인도의 외국인투자총액은 한국의 1/40, 인도네시아의 1/2에도 못 미치는 수준이었다.

셋째는 이중적 경제구조와 소득불균형이다. 독립 이후 인도정부는 식량의 자급자족과 자립경제를 목표로 한 막대한 재정지출을 통하여 관개시설의 개선, 화학비료 사용의 확대, 농산물 가격보조금의 지급, 품종개량 등에 투자해 왔다. 이런 노력에도 불구하고 천수답이 전체 농지의 70%에 이르고 영농기술의 낙후돼 있었으며 기계화가 부진했던 점 등의 이유로 농업생산성은 향상되지 않았으며, 농산가공물은 전체 생산의 1%에 지나지 않았다. 전근대적 농업부문과 달리 인도는 원자력, 인공위성, 해양탐사, 방위산업, 소프트웨어산업 등에서는 매우 높은 수준의 기술과 인력을 보유하고 있다. 또한 공업부문에서도 비교적 규모가 크고 발전된 공기업 즉 기간산업과 중화학공업을 가진 반면 영세하고 낙후된 기술수준의 경공업이 공존하는 이중구조이다.

넷째, 정부 및 공공부문의 비효율이다. 오랫동안 유지되어 온 혼합 경제체제와 계획경제정책의 결과 인도에서 공공부문은 매우 높은 비중을 차지해 왔다. 은행을 포함하여 산업 전반에 대한 정부의 직접소유는 경제개발기간 동안 인도의 경제체제를 지탱해 온 가장 핵심적인 특징이 되어 왔다.[15] 그 결과는 당연히 저효율 경제라는 공공부문 공통의 병폐였다. 외환위기가 일어난 1990년의 경우 국내총고정자본형성 가운데 40.5%가 공기업부문에 집중되었지만, 국내총생산에서 공기업이 차지하는 비중은 26.4%에 그쳤다. 정부 및 공공부문의 비효율은 특히 다음 두 가지 이유에서 더욱 심각한 문제를 야기했다. 첫째는 재정압박이다. 인도의 외환위기가 과다한 재정적자에 그 직접적인 원인이 있다는 점은 이미 지적한 바와 같다. 공공부문의 비효율 공기업의 막대한 적자 규모는 재정에 심각한 부담이 되어 왔다. 한 예로 1992년 한 해 동안에만 공기업의 총 적자규모는 10조 달러를 넘었다. 둘째는 주요한 기간산업 및 전략산업들이 대부분 공공부문에 의해 운영되고 있기 때문에 공공부문의 비효율로 인한 생산물의 높은 가격, 개선 될 기미를 보이지 않던 조악한 품질, 열악하고 빈약한 서비스 등은 경제의 다른 부문 전반에 악영향을 미칠 수밖에 없었던 것이다.[16] 따라서 공공부문의 개혁은 인도의 경제개혁에서 가장 핵심적인 과제였다.

이밖에도 인도경제의 주요한 구조적 문제점으로는 수송, 상하수도, 전력 등 사회간접자본의 미비 등을 지적할 수 있다. 이상에서와 같은 통제경제체제는 또 인도경제를 대내외적 경쟁질서로부터 고립시켜 버림으로써 합리화와 효율성의 제고를 불가능하게 만든 가장 주요한 원인이 되어 왔다. 외환위기 이후 인도 경제개혁의 초점이 이러한 부분에 집중됨으로써 비로소 인도가 경제적 도약을 할 수 있는 발판이 마련되었다.

---

15) 은행을 포함한 기간산업은 정부가 직접소유하고 개인기업은 정부의 강력한 규제와 통제를 받았으며 국제무역과 외국인 투자가 최저수준에 유지되어 왔던 것 등은 경제개발기간에 걸쳐 인도의 경제체제를 지탱해 온 세 개의 특징적 사항으로 지적된다. Rohwer, *Asia Rising*, 1995, p.177.

16) Rohwer, *Asia Rising*, 1995, p.177.

2. 시장경제로의 전환으로 환골탈태

■ 대내 부문의 혁신

외환위기가 진행되던 1991년 6월에 집권한 라오 정부는 1990년 12월 IMF가 제시했던 경제개혁안을 수용하여 단기적으로는 총수요억제를 통한 경제안정화 조치를 취했다. 중장기적으로는 대내 지향적 경제구조를 개편하고 국제경쟁력의 제고를 위해 각종 규제를 철폐하는 등 개방과 시장경제체제로의 전환을 위한 개혁정책들을 점진적으로 도입하게 되었다. 이 정책들의 목표는 크게 국내시장에서 규제의 축소와 경쟁의 확대, 세계경제에의 통합, 정부 역할의 축소 등으로 요약해 볼 수 있다. 단순한 외환위기의 대응을 넘어서 독립 이후 지속되어 온 발전전략과 경제구조 전반에 대한 재편을 위한 것이었다.

외환위기 이후의 개혁정책들은 크게 대내부문(산업 및 경쟁정책) 개혁과 대외부문(무역 및 외정환책) 개혁 및 거시경제(재정, 금융 및 공공부문) 개혁 등으로 나누어 볼 수 있다. 먼저 대내부문 개혁에 있어서 가장 중요한 조치는 1991년 7월에 발표된 신산업정책(New Industrial Policy)이었다. 이미 지적한 바와 같이 인도는 1951년 제정된 산업개발규제법에 따라 모든 기업의 신증설, 산업입지 등을 정부가 사전 인가하는 산업인허가제도(Industrial Licensing)를 실시함으로써 산업간, 기업간 경쟁을 통한 발전을 억제해 왔다. 그러나 신산업정책에 따라 6개 공공부문, 사회안전과 환경관련 산업 및 소비재 산업 16개 부문(1993년 4월 자동차와 백색가전부문이 추가로 제외됨), 소규모산업(Small Scale Industry Sector)으로 유보된 807개 품목, 인구 100만 명 이상의 대도시로부터 25km 이내에 입지한 기업을 제외하고는 모든 산업의 신증설 및 입지에 대한 사전인허가제가 폐지되었다. 특히 공공 부문의

안드라 프라데시(AP) 주의 수도 Hyderabad시에 조성된
Hitec단지의 Cyber Tower

AP주는 나이두 전 주 수상의 주도로 인도에서 최초로 전자행정을
실시하기 시작했다. 이러한 의욕적 노력의 흔적은 이 지역의 여러
곳에서 찾아볼 수 있다. IT와 관련된 아웃소싱 업무들이 이 지역으로
몰려오는 주요 원인일 것이다. (사진제공; CASKNU)

경우 안보 및 전략적 이유로 진입을 금지시켰던 18개 부문을 6개 부문
(군수산업, 원지력, 석탄, 석유, 철도, 운송)으로 대폭 축소하고 그 중에
서 함정이나 전투기 제작 등 군수부문을 제외하고는 모든 영역에 민간
및 외국인 투자를 허용하였다. 한편 경제력 집중 및 불공정거래 방지
를 목적으로 제정된 독점제한적 거래관행법의 적용을 완화하여 국내
시장의 25% 이상을 점유하는 경우에만 적용되도록 하고, 대기업의 신
규사업 개시 및 기존사업의 확장, 통합, 합작, 인수 등에 대한 정부의
사전규제를 풀어서 대기업의 자구 노력 확대 및 경영자율권을 신장시
켰다. 특히 정부의 대기업에 대한 경영간섭의 반대급부로 행해져 왔던
정부보조금 지원은 재정적자 확대의 주요원인이 되어 왔을 뿐 아니라
기업의 국제경쟁력 약화와 부실화의 원인이었다는 지적에 따라 점차

축소시켜 나갔다.

신산업정책은 해외자본에 대해서도 적용되었다. 독립 이후 외환위기까지 인도정부는 해외자본의 유입에 대하여 폐쇄적인 정책을 유지해 왔으나, 신산업정책은 외자유치와 경쟁의 확대를 위해 외국자본에 대한 규제를 축소하였다. 먼저 수출업체에 대해서만 예외적으로 높은 지분율을 허용해 주던 외국인 투자자의 지분제한을 완화하여 호텔관광업, 컴퓨터 소프트웨어산업, TV 브라운관 등 36개 외국인투자 우대업종 (뒤에 51개로 확대)에 대해서는 외자비율을 40%에서 51%로 상향 조정하였으며, 특히 해외거주 인도인(NRI: non-resident Indian)에 대해서는 100%의 투자참가가 허용되었다.[17] 이와 함께 전력사업 및 천연가스 탐사 및 개발 사업 등이 외국자본에 개방되었다. 또한 신속한 투자승인과 승인절차의 간소화를 위해 외국인투자촉진위원회(Foreign Investment Promotion Board : FIPB), 외국인투자각료위원회(Cabinet Committee of Foreign Investment : CCFI)와 같은 특별 기구를 신설하여 외국인투자에 대해 5~6주 이내에 승인이 이루어지도록 했으며, 특히 외국인투자 우대업종에 대해서는 인도중앙은행이 2주 내에 승인해 주는 자동승인제

---

17) 51개 외국인 투자우대산업은 다음과 같다. 1.야금 2.보일러, 3.동력관련기기, 4.전기기기, 5.운송수단, 6.산업기계, 7.공작기계, 8.농기계, 9.건설기계, 10.산업장비, 11.과학 및 전자의료장비 및 실험기기, 13.화학제품, 14.약품, 15.종이 및 펄프, 16.고무 및 플라스틱, 17.판유리, 18.요업제품, 19.시멘트제품, 20.복사기, 21.탄소 및 탄소제품, 22.RCC파이프, 23.고무제조용 기계류, 24.인쇄용 기계류, 25.용접봉, 26.산업용 인조 다이아몬드, 27.생명공학 분야, 28.희소 석유의 추출 및 고품질화, 29.건설용 조립자재, 30.대두제품, 31.고수확용 종자 및 식물, 32.유제품, 발효식품, 식품가공, 33.식품포장, 34.호텔 및 관광관련산업, 35.컴퓨터 소프트웨어, 36.철광석 채굴, 37.철광석 이외의 광물 채굴, 38. 기타 비금속 광물의 채굴, 39.식품제조, 40.면직물제조, 41. 모(毛), 견(絹) 및 합성섬유 제조, 42.섬유제품제조, 43.기초화학물 및 화학품 제조, 44.고무, 플라스틱, 석유 및 석탄제품 제조, 45.금속제품 및 부품 제조, 46.기계류 및 장비생산, 47.육상운송 지원서비스, 48.해상운송 지원서비스관련, 49.기타 운송관련 서비스, 50.기타 대여서비스, 51.기타 서비스(對外經濟政策研究院, 『印度便覽』, 1996).

를 도입하였다. 그 외 외국 브랜드의 도입 허용, 합작사 상호의 외국－
인도명 혼용제 폐지, 현지조달의무 폐지, 과실송금 보장 등 외국인투
자환경은 대폭 개선되었다. 자본도입뿐만 아니라 그 때까지 엄격한 심
사에 의해 제한되어 온 외국기술의 도입에 대해서도 자동승인제가 도
입되었다. 로열티의 지불 조건이 일시불인 경우에는 1,000만 루피 이
하인 경우, 분할불인 경우에는 내수판매액의 5% 이하, 수출액의 8%
이내이며 합작일로부터 10년, 영업개시일로부터 7년까지 총 판매액의
8%를 초과하지 않는 경우에는 자동적으로 기술 도입을 승인토록 하
였다.

▌대외부문의 합리적 조정

대외부문 개혁에 관해서 살펴보자. 앞에서도 지적한 것처럼 외환위
기 이전까지 인도정부는 국내산업의 보호라는 명목으로 소비재는 물
론 자본재와 중간재에 대해서도 높은 관세와 함께 포괄적 수출입승인
제도, 등록수출업자제도 등을 통해 엄격한 통제를 실시해 왔다. 그러
나 인도경제의 경쟁력을 약화시켜 왔던 중요한 원인은 대내적 규제 및
경쟁제한정책 뿐만 아니라, 인도시장을 세계경제로부터 고립시켜 국내
산업을 과잉보호해 왔던 정책에도 있었다는 인식에서 대외 부문에 대
한 전면적인 개혁이 뒤따랐다.

먼저 무역정책에서 보면 인도정부는 국제경쟁력 강화와 국제수지의
개선을 위해 1991년 6월 "1992/93-1996/97년 수출입계획"을 발표하면서
기존의 Positive List System을 Negative List System으로 전환하고, 일부
소비재 완제품 등 18개 품목을 제외한 모든 품목의 수입규제를 완화하
였다. 이와 함께 수출기업의 수입한도를 총수출액의 5%에서 30%로 인
상하고, 최고관세율을 150%에서 85%로, 자본재 수입에 대해서는 80%
에서 55%로, 특히 수출용 자본재 수입에 대해서는 25%로 관세율을 인

하하였다. 한편 수출촉진을 위해서도 자본재수출촉진제도, 사전승인제도, 특별수입허가제도 등이 확대 실시되었다.[18]

환율제도의 개혁도 이루어졌다. 1991년 7월 인도정부는 미(美) 달러화에 대해서는 23.1%, 일본의 엔화에 대해서는 24.1%의 루피화 평가절하를 단행하였다. 또 1992년 3월에는 시장환율을 부분적으로 적용하는 이중환율제를 도입했다. 이 이중환율제는 공식환율과 시장환율을 일정 비율에 따라 혼합 적용하는 것으로, 수출로 벌어들인 외화 중 40%는 공식환율로, 60%는 보다 환율이 높은 시장환율로 매각할 수 있게 한 것이다. 이렇게 수출업자로부터 매입한 외환 중 40%는 원유, 비료, 군수장비, 의약품 수입에 사용되었고, 나머지 60%는 다시 시장환율로 매각하여 상품 및 용역 수입과 배당금 지급 등에 사용할 수 있도록 했다. 이 조치는 1993년 3월부터 전면적인 변동환율제가 도입됨으로써 자동적으로 폐지되었다. 한편 1994년 4월부터는 수출입업자에 한해서만 허용되었던 루피화의 외화 환전을 모든 기업은 물론 무역외 수지부문, 즉 해외여행, 유학 등에 대해서도 허용하였고 기업의 외환보유비율을 15%에서 25%까지 인상하였다. 수출위주업체나, 수출가공단지, 전자기술단지, 소프트웨어 기술단지에 입주해 있던 업체에 대해서는 그 비율을 50%까지 확대 허용하였다.

■ 거시경제적 재조정

인도의 거시경제적 개혁은 크게 재정 및 조세제도개혁, 금융개혁, 공공부문 개혁 등으로 구분해 볼 수 있다. 먼저 조세 및 재정개혁에

18) 「1992/93-1996/97년 수출입계획」기간이 끝나던 1997년 3월 31일에 인도정부는 1997/98년부터 2001/02년까지의 무역정책 전반을 규정하는 신수출입정책을 발표하였다. 이 정책은 종래의 수출진흥제도를 재구성한 것으로, 수입물량제한 완화, 수출입절차의 간소화, 다양한 수출촉진책의 통합, 농업 및 식품가공부문, 컴퓨터 소프트웨어, 전자 하드웨어, 보석류 등에 대한 특별 인센티브 부여 등을 골자로 한 것이었다.

대해서 보면 인도의 복잡하고 전근대적인 조세제도를 개혁하기위해 라오 정부는 조세개혁위원회(Tax Reform Committee)를 구성하여 장기적인 조세제도개혁에 착수했다. 조세개혁위원회는 조세개혁의 기본방향으로 직·간접세간의 세율조정과 세율구조의 단순화, 면세범위의 축소, 새로운 세원 발굴, 각종 간접세의 부가가치세로의 통합, 관세인하 등을 제시하였으며, 이에 따라 인도정부는 우선 각종 세율을 지속적으로 인하하였다. 특히 그때까지 법인세율은 공공기업 51.75%, 개인 기업은 57.5%로 분리 과세되었으나 1994년부터 모두 46%로 통합 인하되었으며, 외국인기업에 대한 세율도 65%에서 55%로 인하되었다. 개인소득세는 56%에서 40%로 인하되었으며, 면세점도 22,000루피에서 40,000루피로 높아졌다. 한편 세율의 인하와 함께 세제개혁도 함께 추진하여 물품세를 종량세로 전환하였다. 이밖에도 사회간접자본에 대해서는 5년간 과세를 유예하는 조처를 취했다. 관세개혁에 대해서는 위에서 서술한 바와 같다. 이러한 세제개혁의 결과 인도의 국내총생산에서 차지하는 직접세의 비중은 1990년의 2.1%에서 1995년에는 2.9%로, 중앙정부의 세수에서 차지하는 비중은 같은 기간 동안 19%에서 29%로 증가했다. 반면 간접세 중에서 특히 관세의 비중은 3.8%에서 2.8%로 감소되었다.

재정지출 부문의 개혁에 대해서도 적자재정 및 무역적자를 보전하기 위하여 적극적인 구조조정정책을 마련하였다. 재정개혁의 초점은 거시경제적 균형을 위한 긴축정책에 모아졌는데, 그 결과 공공지출 증가율은 1990년 이후 계속 감소 추세를 보이고 있다.

둘째, 인도의 금융기관은 대부분 국유로서 경제개혁이 취해지기 전까지는 정부의 경제개발정책에 따라 개발자금을 배분하는 기능을 주로 수행해 왔다. 특히 1969년 인디라 간디 정부에 의해 시작된 상업은행들의 국유화 조치로 탄생한 인도의 국유은행들은 개발 초기에는 농촌지역으로의 금융망 확대와 여수신의 증대를 가져오기도 했지만, 낮은 수익성과 효율성, 고객 서비스의 질적 저하 등 국유화에 따른 심각한 부작용을 수반했다.[19] 따라서 금융개혁 역시 매우 절실한 과제였다. 먼저 금융산업의 낙후성을 극복하기 위하여 점진적으로 금융자율화를 도입하고 신규 민간은행의 설립을 허용하였다. 또 국유은행의 민영화를 위해 총지분의 49%를 우선적으로 매각하는 계획을 추진하였다. 그리고 은행의 법정유동성비율을 38.5%에서 25%로 낮추었으며, 현금보유비율도 10%로 낮추었다. 은행 재무구조의 건전성을 높이기 위하여 국제결제은행(BIS)이 정한 자기자본비율 8%를 엄격히 준수하도록 감독을 강화했다. 금융기관들 간의 경쟁을 유도하기 위해 금융산업에 대한 민간 및 외국인투자를 개방하였다. 그 결과 1994년 4월 구자라트 주(州)의 아메다바드에 최초의 민간은행 UTI Bank가 설립되어 영업을 개시하였다. 또 자본시장에 대한 외국인투자의 개방조치로 1992년 9월에는 외국기관투자자의 해외증권 발행 및 유통시장 참여가 허용되었는데, 종목당 투자한도는 5%, 종목당 총외국인 투자한도는 24%로 각각 설정되었다.[20]

마지막으로 공공부문개혁을 보면, 혼합경제체제를 지향해 왔기 때문에 비효율적으로 되어 버린 공공부문의 비중이 매우 높았다. 공공부문 개혁은 크게 두 가지 방향에서 추진되었는데, 하나는 공기업이 담당해 온 영역을 축소해 민간 및 외국인투자에 대해서 개방하는 것이며, 다른 하나는 기존 공기업을 민영화하는 것이었다. 공공부문의 축소를 위하여 정부는 공공부문으로 유보된 산업을 제외하고는 공기업

---

19) 금융개혁이 시작된 1992년 당시 인도의 은행 수는 모두 275개였는데, 이 가운데 224개가 국유은행이었고 나머지 51개 은행만이 24개의 외국계 은행을 포함한 소규모 민간은행들이었다. 이 중에서 인도국유의 상위 28개 은행이 전체 수신고의 90% 이상을 차지하고 있었다. 그러나 정부의 높은 현금보유비율 유지와 시장금리 이하의 대출 요구 그리고 국유은행 특유의 부실경영 등의 이유로 은행들의 경영 및 재무구조는 극도로 취약해, 같은 해 전체 국유은행의 순손실 규모는 336억 루피에 달했다.

20) 조충제, 앞의 글, p.33.

의 신설 및 증설을 지양하고 민간 및 외국인투자를 유치토록 했다. 그리고 부실 공기업을 심사하여 폐쇄하거나 민영화시키고, 정부보조금 및 금융지원을 축소시키는 대신 기업의 경영자율권을 확대하였다. 이러한 노력의 결과 항공, 정유, 통신 부문 등에서는 민간 및 외국인투자가 꾸준하게 확대되어 왔다. 이렇게 해서 늘어 난 민간 기업과 외국인투자 그리고 외국 기업은 인도 경제에 경쟁 질서를 불어 넣는 새로운 활력소가 되었다.

〈표 2-3〉 인도 경제개혁의 주요 내용

	개혁 이전의 정책	개혁의 주요 내용
경제정책의 기조	- 자급자족, 대내지향	- 자유화, 개방화
산업정책	- 기업 신증설 허가제 - 공공부문 확대(18개 부문) - 독점제한적 규제 강화	- 기업 신증설 및 입지 자유화 - 공공부문 축소(6개 부문) 및 공기업 민영화 - 독점제한적 거래관행법 적용 완화
외국인투자정책	- 32개 업종에 대해서만 40% 이내에서 외국자본의 출자 허용 - 외국기술의 도입에 엄격한 심사 - 외국기업의 지점설치 불가 - 외국기업의 부동산 취득 불가 - 외국 브랜드의 사용금지 및 합작 사명의 외국-인도명 혼용 - 생산개시 후 5년 이내 80% 이상의 현지조달의무 - 배당금 및 과실송금 제한	- 51개 우대업종에 대해 51%까지 외국자본 출자를 자동승인 - 일정조건 충족 시 자동승인 - 제조업, 무역업에 대해 지점 설치 가능 - 취득 가능. 매각에 따른 이익송금만 금지 - 폐지 - 폐지 - 폐지
무역 및 외환정책	- Positive List System - 고관세정책 - 공식환율제, 이중환율제 - 제한적 태환화	- Negative List System - 저관세정책 - 변동환율제 - 태환화 대상의 확대
조세 및 재정정책	- 복잡하고 전근대적인 세율구조 - 간접세의 높은 비중 - 과다한 공공투자 및 보조금으로 재정압박	- 세율인하, 세율구조의 간소화 및 근대화 - 간접세 비중을 축소하고 직접세를 확대 - 긴축정책 추진

| 금융정책 | - 금융기관의 국유화
- 금융산업 미개방
- 경영자율권의 제약
- 자본시장 미개방 | - 민영화 추진
- 민간 및 외국자본에 금융산업 개방
- 경영자율권의 확대
- 자본시장 개방, 해외증권 발행 확
  대 및 규제완화 |

자료 : 여러 자료를 종합하여 작성

공기업의 민영화에는 노동조합과 야당의 심한 반발이 뒤따랐는데 이런 문제에 대처하기 위한 조처로서 1992년 2월에 실직 노동자들의 직업훈련, 취업알선, 취업상담 등을 담당하는 국민재활기금(National Renewal Fund)을 설립하였다.

같은 해 11월에는 인도중앙은행(Reserve Bank of India)의 총재인 랑가라얀(C. Rangarayan)을 위원장으로 하는 특별위원회가 설립되었는데, 이 위원회는 우선 중단기적으로 공기업의 매각지분을 49%로 하고 매각대금 중 10%를 공기업의 설비현대화 등 산업합리화 자금으로 사용하도록 하는 가이드라인을 마련하였다.[21] <표 2-3>은 지금까지 서술한 인도의 경제개혁 내용을 간략하게 정리한 것이다.

█ 개혁으로 도약의 발판 마련

1991년 외환위기 이후의 경제개혁의 성과는 인도를 만성적인 빈곤에서 벗어나는 길을 열었다는 점에서, 그리고 IT 산업에서 세계적 위치로 발돋움했다는 점에서 매우 획기적인 것이었다. 개방 직후의 개혁 성과는 소수정권으로서 단명하리라고 예상되었던 라오 정부가 5년간이나 정권을 유지할 수 있는 밑바탕이 되어 주었다. 1996년 6월 총선에서 중도좌파를 중심으로 하는 연합전선이 승리함으로써 라오 정부가 개혁의 일선에서 물러났지만 이미 개혁이 대내외적으로 광범한 지지를 받았을 뿐만 아니라 그 효과가 가시적 성장으로 나타났기 때문

---

21) 조충제, 앞의 글, pp.31~32.

에, 개혁정책의 도입에 반대했던 BJP도 집권 후에는 적극적인 개혁 드라이브 정책을 계속했고 그 성과는 인도를 세계시장의 주요 이머징 마켓(emerging market)으로 등장시키는 저력으로 나타났다.

개혁의 성과는 기본적인 거시경제지표들에서 뚜렷했다. 먼저 경제성장률을 보면 외환위기의 충격과 농업부문의 마이너스 성장으로 1991년의 국내총생산은 0.8%의 저성장에 그쳤으나 1992년 5.3%, 1993년 6.2%, 1994년에는 7.8%의 고도성장을 기록하였다. 특히 농업성장률의 빠른 회복은 제8차 5개년계획 기간 동안의 국민소득 성장 목표율 6%를 초과하여 6.5%를 달성하는 데 크게 기여하였다. 이 기간 동안 농업의 연평균 성장률은 당초 3%가 목표였으나 3.6%를 기록하였다. 물론 공업의 연평균 성장률은 이보다 훨씬 높아 같은 기간 동안 8.1%를 기록하였다. 이런 성장이 물가상승이라는 코스트를 치루기도 했다. 즉 개방경제정책과 구조조정은 인도경제에 인플레이션 압력을 가중시켜 1992년에는 소비자물가지수가 13.5%로 전년의 11.6%보다 높아졌으나 다행이도 1993년에는 9.6%, 1994년에는 7.5%로 다시 한 자리 수준을 회복하였다.

〈표 2-4〉 외환위기 이후 인도의 주요 거시경제지표

(단위 : %, 100만 달러)

	1990/91	1991/92	1992/93	1993/94	1994/95	1995/96	1996/97	1997/98	1998/99
GDP성장률	5.4	0.8	5.3	6.2	7.8	7.2	7.5	5.1	6.8
총국내자본형성	25.9	21.7	22.3	22.3	26.9	27.3	27.4	26.9	25.1
총국내저축률	24.3	22.9	2.0	22.7	25.6	25.3	26.1	24.7	22.3
공업성장률	8.2	0.6	2.3	6.0	9.4	12.1	7.1	4.2	4.0
농업성장률	3.8	-2.0	4.2	3.8	5.0	-2.7	9.3	-5.6	7.6
도매 물가상승률	10.3	13.7	10.1	8.4	10.9	7.7	6.4	4.8	6.9
소비자 물가상승률	11.6	13.5	9.6	7.5	10.1	10.2	9.3	7.0	13.1

자료 : Government of India, *Economic Survey*; Reserve Bank of India, *Handbook of Statistics on Indian Economy*; Reserve Bank of India, *Annual Report*; Reserve Bank of India, *Report on Currency and Finance*, several issues.

개혁정책의 성과는 미시적인 측면에서도 뚜렷이 나타났다. 외환위기와 경제개혁 이후 인도기업들의 경영활동에서 나타난 주요한 변화들은 다음과 같이 요약된다. 첫째, 분산되어 있던 핵심부문들은 통합하고 핵심활동과 무관한 부문은 정리하는 등의 구조조정을 가속화 했다. 둘째, 핵심부문을 확대하고 시장점유율을 높이기 위해 합병과 매수가 활발히 진행되었다. 셋째, 신기술과 경영기법을 습득하고 외부시장에 접근하기 위하여 외국기업들과 전략적 파트너 관계를 맺게 되었다. 넷째, 금융시장 자유화로 국제자본시장에 대한 접근이 용이해짐에 따라 고금리 국내부채를 상환함으로써 이자부담이 감소했다. 다섯째, 족벌경영체제의 기업들이 조직구조를 변화시키고 경영을 전문화시켰으며, 이들 기업의 해외 진출이 늘어나기 시작했다. 마지막으로 교육훈련 프로그램과 임시퇴직제도를 통하여 경영을 강화하고 노동력을 절약하는 변화가 일어났다. 이러한 기업 구조조정의 결과는 당연히 효율성 및 생산성의 증대로 나타났는데 한 조사에 따르면 1996년 1,569개 비금융권 기업들의 총수입 증가율은 16.3%로 전년의 15.8%보다 높게 나타났던 것이다.[22)]

경제개혁의 성과가 특히 두드러지는 것은 대외부문이다. 일련의 개방정책으로 1990/91년에서 1998/99년 사이에 인도의 수출은 연평균 8.5%, 수입은 12.9%의 증가세를 보였다. 물론 수출보다 수입의 증가세가 더 빨랐기 때문에 무역수지 적자규모는 확대되었지만 그다지 심각한 정도는 아니었으며, 오히려 외국인투자개방으로 인한 자본수지흑자가 증대하면서 외환보유고가 1990년의 58억 달러에서 1991년에는 92억 달러, 1992년에는 98억 달러, 그리고 1993년에는 193억 달러까지 크게 증가하였다. 1990년 1억 6,500만 달러에 불과하던 인도의 외국인투자 유입규모는 외환위기의 여파로 1991년에는 1억 5,800만 달러로 감소했으나 1992년 4억 3,300만 달러, 1993년 41억 1,300만 달러로 급증

---

22) 對外經濟政策硏究院, 『印度便覽』, 1996, p.263.

하였다. 반면 이 기간 동안 인도의 총외채규모는 1991년의 838억 달러에서 1992년에는 853억 달러로, 1993년 900억 달러로 매우 미미한 정도의 증가에 그쳤다. 외환위기의 직접적인 원인이라고 할 수 있는 단기채의 규모나 비율은 모두 하락하여 1991년에 85억 달러, 10.20%이던 것이 1994년에는 36억 달러, 3.91%로 크게 개선되었다. 대외 개방이 가져 온 더 중요한 변화는 국내 기업들이 지난날의 보호주의 장막으로부터 벗어나, 외국기업들과의 경쟁에 직접적으로 노출되면서 합리적 경영을 지향하고 또 세계시장에 대한 개방적 마인드를 갖추게 되었다는 점일 것이다.

<표 2-5> 외환위기 이후 대외부문 개혁의 성과

(단위 : %, 100만 달러)

	1991/92	1992/93	1993/94	1994/95	1995/96
수출	18,226	18,869	22,683	26,857	32,467
수입	21,064	23,237	25,069	31,840	41,412
무역수지	-2,798	-4,368	-2,386	-4,983	-8,945
경상수지	-1,178	-3,526	-1,158	-2,634	-5,434
자본수지	4,754	4,254	10,022	7,593	2,515
외국인직접투자	150	341	620	1,314	1,981
간접투자	8	92	3,493	3,581	2,096
총외채잔고	85,285	90,023	92,695	99,008	99,008
단기채	7,077	6,340	3,627	4,269	4,269
단기채 비율	8.29	7.04	3.91	4.31	5.46
외환보유고	9,220	9,832	19,254	25,186	21,887

자료: Government of India, *Economic Survey 1996/97*, 1997.

제3장
인도의 IT 산업과 발전요인

1. 소프트웨어 중심으로 발달

　인도 IT산업이 세계의 주목을 받게 된 것은 1990년의 외환위기를 계기로 일련의 경제개혁조치들이 취해진 이후부터이다. 1991년에 집권한 라오 정부의 개혁·개방정책으로 자유화 조치가 단행됨으로써 각종 소프트웨어 등의 수입이 허가되고 관세가 인하된 것이 인도 IT산업이 급속히 발달하게 된 계기가 되었다. 인도 IT산업은 2000년 이후 세계 IT산업의 전반적인 불경기에도 불구하고 지속적인 성장률을 기록했으며, 인도의 다른 어떤 산업보다 높은 성장률을 달성하였다. 2002년 (2002/03 회계연도) 현재 인도의 IT산업 규모는 165억 달러(7,934억 루피)로 GDP의 3.15%를 차지했으며, 그 중에서 소프트웨어 및 관련 서비스산업의 규모는 125억 달러(599억 루피)로 GDP의 2.38%를 차지했다. 1997년 IT산업의 규모가 50억 달러로 GDP의 1.22%였던 것과 비교해 보면 불과 5년 사이에 약 3배 내외로 성장했음을 알 수 있다.

<표 3-1> 인도 IT산업의 성장 추이와 현황

	1997/98	1998/99	1999/00	2000/02	2001/02	2002/03
규 모(U$, mil.)	5.021	6.014	8,357	12,410	13,783	16,494
규 모(Rs, Crore)	18,641	25,307	36,179	56,592	65,788	79,337
GDP에서의 비중(%)	1.22	1.45	1.87	2.66	2.87	3.15

자료 : NASSCOM.

인도 IT산업 중 특히 성장을 선도하고 있는 것은 다음 분야들이다.[1]

①소프트웨어 및 서비스 수출 : 인도의 소프트웨어 분야는 2000년대 들어서 괄목할만한 성장을 보여 왔으며, 특히 offshore IT 서비스의 세계적 중심지가 되었다. 이 분야의 수출은 다국적기업으로부터의 아웃소싱 및 중장기 프로젝트 수주 증가와 함께 가장 높은 수익률을 올렸다. 2002년 인도 소프트웨어 산업의 규모는 57억 달러로 전년에 비해 53% 성장을 기록했으며, 수출은 51% 증가한 40억 달러에 이르렀다. 수익의 대부분은 미국시장으로 부터 지속적인 ITES/BPO에 대한 수요가 증가하면서 발생하는 것이지만 미국 이외의 지역에서도 인도 IT 기업들의 활동이 점점 증가하는 추세를 보이고 있다. 포춘(Fortune)지 선정 500대 기업의 대부분이 소프트웨어 관련 제품을 인도에서 아웃소싱하고 있다. 지역적으로 보면 북미(미국, 캐나다)가 인도 소프트웨어 수출의 62%를 차지하고 있으며, 유럽 23.5%, 일본 3.5%, 동남아시아 3.5%, 호주와 뉴질랜드 1.5%, 서(西)아시아가 1.5%를 점하고 있다.

이러한 성과를 바탕으로 Infosys Technologies, Satyam,[2] Rediff.com 등

---

1) 이하의 내용은 Nasscom Report, 2002, 2003을 주로 참고하였다.
2) Satyam은 설립 이후 건실한 성장을 해 왔으나 2008년도에 오랜 기간에 걸쳐 회계분식을 해 왔던 사실이 밝혀져 위기를 맞았고, 2009년도에 다른 기업(Tech Mahindra)에 인수 당하는 불명예를 감수해야 했다. satyam이라는 단어는 산스크리트어로 진실(truth)을 뜻한다는데, 그런 이름의 기업이 불법회계를 저질렀

세 개의 인도 IT기업은 오래 전부터 NASDAQ에 상장되었으며, Silver Line Technologies는 뉴욕증시(NYSE)에 상장되어 있다. 인도 소프트웨어 상위 300개 기업들 중 170개 이상이 ISO 9000 인증을 받았으며, 세계적으로 SEICMM(Software Engineering Institute Capability Maturity Model) Level V를 획득한 23개 기업들 중 15개 기업이 인도에 소재하고 있다. Offshore 서비스는 현재 수출의 42%를 차지하고 있고, On-site 서비스는 수출액의 58%를 차지하고 있다. Offshore 서비스는 다른 나라 기업으로부터 발주 받은 소프트웨어를 납품한 후에 그 사후관리, A/S 등을 원격조정을 통해 현지에 가지 않고 인도에서 수행하는 것을 말하는데, 비용절감을 위해 구미의 기업들이 이러한 조건으로 아웃소싱을 많이 하게 되면서 offshoring은 새로운 전문용어가 되었다. 이것 역시 생산의 세계화를 촉진하고 생산체계를 다양화 시키는 주요 현상 중의 하나이다. 인도 소프트웨어 분야의 분야별 수출 비중은 다음 <그림 3-1>의 내용처럼 구성되어 있다.

〈표 3-2〉 인도 소프트웨어 산업의 성장 추이와 현황

		1997/98	1998/99	1999/00	2000/02	2001/02	2002/0
규 모	U$, mil.	2,936	4,011	5,539	8,298	9,958	12,455
	Rs, Crore	10,899	16,879	23,980	37,840	47,532	59,907
	GDP 비중 (%)	0.72	0.97	1.24	1.81	2.07	2.38
수 출	U$, mil.	1,759	2,600	3,962	6,217	7,647	9,875
	Rs, Crore	6,530	10,940	17,150	28,350	36,500	47,500
	수출 비중 (%)	4.9	7.6	10.6	13.8	17.0	20.4

자료 : NASSCOM. The IT Industry in India: Strategic Review 2003, National Association of Software and Service Companies, New Delhi, 2003, pp.19~20.

다는 사실이 인도인들에게 더 큰 실망을 안겨다 주었다고 한다.

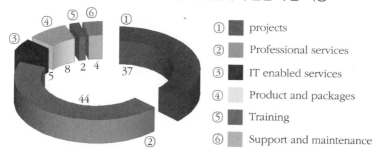

〈그림 3-1〉 인도 소프트웨어 산업의 부문별 수출 비중

① ■ projects
② ■ Professional services
③ ■ IT enabled services
④ ■ Product and packages
⑤ ■ Training
⑥ ■ Support and maintenance

②ITES(IT-Enabled Services)/BPO(Business Process Outsourcing) : 이 분야는 놀라운 성장률을 보였으며, 총수익액도 2001년 710억 루피에서 2002년 1,170억 루피로 증가했다. 백 오피스(back office), 콜 센터, 의사 진료 카드 정리 등을 포함하는 ITES/BPO 분야에서 인도가 강세를 보이는 요인으로는 원어민 수준의 영어구사능력과 저렴한 인건비, 고급 인력, 하루 24시간 그리고 일주일 내내 근무하는 조건 등의 이유를 들 수 있다. 특히 비용에 있어서 인도 IT 기업들은 아웃소싱으로 40~60% 의 비용절감이 가능한 것으로 평가된다.

③내장 기술(Embedded technology) : 최근에 와서는 인도 IT기술이 소프트웨어 중심에서 하드웨어의 칩을 설계하고 생산하는 embedded technology로 급속히 전환해 가는 추세에 있다. 지금까지 이 분야는 미국, 일본, 대만 등이 독점해 왔으나 최근 인도가 추격하여 불과 35개의 인도기업이 세계시장의 4%를 점유하기에 이르렀다.

④이와 함께 인도 내에 IT 내수시장도 커지고 있다. 인도 IT산업의 내수시장의 규모는 1997년의 32억 달러 수준에서 2002년에는 66억 달러로 5년 만에 2배 이상 성장하였다. 그러나 금융과 제조업 분야에서의 IT 관련제품 수요 감소로 인하여 IT 인도 국내 소프트웨어 시장의 성장률은 2001년의 18%에 비해, 2002년에는 13%선으로 감소했다. GDP에서의 비중도 1997년에는 0.79%에 불과했으나 2000년 이후에는 1.2~

1.3% 수준을 유지하고 있다. 부문별로 보면 하드웨어 시장은 아주 느린 성장세를 보이고 있지만, 소프트웨어 시장은 1997년의 12억 달러 수준에서 2002년에는 25억 달러로 2배 이상의 성장세를 기록하고 있다.

〈표 3-3〉 인도 IT 내수시장의 성장 추이와 현황

	1997/98	1998/99	1999/00	2000/02	2001/02	2002/03
규 모 (US, mil.)	3,248	3,381	4,351	6,213	6,114	6,598
- 소프트웨어 부문	1,152	1,380	1,537	2,024	2,265	2,546
규 모 (Rs, Crore)	12,055	14,227	18,837	28,330	29,181	31,737
- 소프트웨어 부문	4,278	5,806	6,654	9,231	10,874	12,247
GDP에서의 비중(%)	0.79	0.82	0.98	1.36	1.27	1.26

자료 : NASSCOM. The IT Industry in India: Strategic Review 2003, National Association of Software and Service Companies, New Delhi, 2003, p.44.

⑤통신 인프라 분야 역시 인도의 강점이다. 통신 인프라는 이 분야를 세계적인 수준으로 맞추기 위한 정부의 노력에 힘입어 인도에서 가장 중요한 사업분야로 부상하고 있다. 2002년 한 해 동안의 거래액은 90억 달러가 넘는 것으로 측정됐다. 인도 통신부에 따르면 통신 분야의 민간기업 총 투자액은 3천억 루피, 인도의 직접투자자금 유입은 860억 루피인 것으로 나타났다. 통신 분야는 1999년 새 통신정책에 따라 국제전화, 시외전화, 시내 전화의 사업 참여가 민간기업에게 개방되었으며, ISP(Internet Service Provider) 업종에서는 라이센스 취득과 국제 게이트웨이, 해저 케이블 기지국의 설치가 보다 자유로워졌다. 또한 인터넷 전화의 허용, 수익 공유 모델의 소개 그리고 BSNL(국영통신업체) 설립 등의 여러 변화가 이루어졌다. 2002년 한 해 동안 직류교환회선(Direct Exchange Lines) 4,460만 개가 설치되었으며, 이동통신 가입자 수는 1,130만 명이다. WLL(Wireless Local Loop)은 멀리 떨어진 곳에 설치되어 있는 전화기나 PC에 정보를 보내는 소형 정보전달기로서, 지역이 광활하고 지역마다 사용하는 언어가 서로 달라서 위성으로 각

지역에 각기 다른 언어로 정보를 전달하기 위해서는 비용이 너무 많이 드는 인도와 같은 나라에 적합한 시스템이다.

⑥벤처 캐피탈의 성장 역시 괄목할 만한 사항이다. 인도의 벤처 캐피털은 2001년 11조 달러에서 2002년에는 12조 달러로 증가했다. 벤처 캐피털 수는 약 72개에 이르며, 이중 상위 10개 회사가 전체 투자의 2/3를 차지한다. 특히 투자의 40% 이상이 IT 분야에서 이루어지고 있다. 2001년 한 해 동안 가장 큰 투자는 싱가포르 정부가 인도의 ICICI 은행에 2억 7,300만 달러를 투자한 것이다.

인도 IT산업의 미래를 보여 주는 한 사례는 MS사가 미국 이외에 처음으로 소프트웨어 개발 센터를 인도에 설립한 것이다. MS는 인터넷 e-business 솔루션을 개발, 보급시키기 위해 Infosys Technologies of India와 전략적 제휴를 맺었다. MS사는 또한 인도에서의 개발 활동과 MS사의 글로벌 활동의 통합을 위해서 인도 개발 센터에 5천만 달러를 투자하고 있다. 그리고 소프트웨어 개발에 있어서는 대단히 광활한 인도의 각 지역을 연결하는 철도 예약이나 복잡한 병원경영을 효율적으로 수행할 수 있는 능률적인 소프트웨어의 개발, 그리고 분자생물학과 연결하여 새로운 의약품을 개발하는 소프트웨어의 설계 등이 새로운 영역으로 떠오르고 있다.[3]

---

3) 『Fortune』500대 기업들 중 많은 구미 기업들이 인도 IT기업으로부터 아웃소싱을 할 정도로 인도가 세계 유수기업들의 아웃소싱 메카로 떠오른 지 오래지만, 이로 인한 세계의 반발도 없지 않았다. 2002년 말 일단의 인도 IT 기술자들이 말레이시아에서 강제추방 당한 사실, 인도 IT 기술자 때문에 일자리를 잃은 어느 미국 젊은이의 자살을 계기로 뉴저지, 버지니아 주 등 미국의 일부 주에서 인도 IT기업으로부터의 아웃소싱에 대하여 거부의 움직임이 일어났던 점, 영어 구사력을 배경으로 강하게 추격하고 있는 아일랜드와 필리핀 등 새로운 도전세력들의 파고를 뛰어넘어야 하는 숙제를 안고 있다.

Kolkata에 있는 Apollo병원 본관
의료관광에 성공한 병원으로 유명하다. 미국으로부터 장기 입원자들이
많이 밀려오고 있다고 한다. (사진제공; CASKNU)

2. 발전요인의 일반적 특징

인도의 IT산업이 이렇게 급속한 성장을 이룩할 수 있었던 요인은
크게 다음의 세 가지로 요약된다. 즉 요소 측면의 경쟁우위, 정부의 육
성지원정책, 해외로부터의 생산요소 유입 등이 그것이다. 먼저 요소측
면에서 보면 인도 IT산업의 주요한 경쟁력은 풍부하고 우수한 저임금
의 인적 자원에 있다. IT산업은 물적 인프라를 그다지 필요로 하지 않
는 반면 인적 자원의 비중이 매우 높다. 인도는 소프트웨어 분야에서
만 약 30만 명의 인력을 확보하고 있으며, 매년 약 80,000명의 전문가
를 배출하고 있다. 인도의 우수한 IT인력은 인도가 고대로부터 수학과
과학에서 뛰어난 재능을 보여 온 민족이라는 점과도 무관하지 않을 것
이다. 인도인이 아라비아 숫자와 0(zero)의 개념을 처음 발견했다는 사
실은 잘 알려진 바이다.[4]

	컴퓨터 프로그래머		시스템 애널리스트	
	평균임금 (US$)	지 수	평균임금 (US$)	지 수
인 도	4,002	100	5,444	100
미 국	46,600	1,164	61,200	1,124
일 본	51,731	1,293	64,519	1,185
독 일	54,075	1,351	65,107	1,196
프랑스	45,431	1,135	71,163	1,307
영 국	31,247	781	51,488	1,287
홍 콩	34,615	865	63,462	1,166
멕시코	26,078	652	35,851	658

자료 : Gupta, P. "The Indian Software Industry," in Ravichandran ed., Competition in Indian Industries, New Delhi, Vikas Publishing House, 2000.

그러나 현재의 인도 IT산업을 발전시킨 동인은 상대적으로 적은 비용으로 실시할 수 있는 교육과 훈련제도이다. IIT(Indian Institutes of Technology), IIITB(Indian Institute of Information Technology, Bangalore) 등의 대학과 NIIT, Aptech 등 IT 관련 실무교육을 전업으로 하는 전문기업들이 훈련된 인력들을 쏟아낸 것이다. 이와 함께 사설학원 형태로 운영되는 수천 개의 훈련기관에서 배출되는 인력이 약 10만여 명에 이르고 있다. 반면 이들의 임금수준은 미국, 일본, 독일 등 선진국에

---

4) 인도 IT산업 발달의 배후요인에 대한 다음의 견해는 한 번 음미해 볼 만하다. 다국적 제약회사의 인도 현지법인 최고경영자를 거쳐 현재는 칼럼니스트로 활동하고 있는 다스(Gurcharam Das)는 다음과 같이 풀이하고 있다. "인도의 브라민은 수천 년 동안 우파니샤드의 추상적이고 철학적이며 고도의 정신적인 개념에 잘 훈련되어 왔다. 인도인들이 수학과 이론물리학(실험물리학이 아닌)에 뛰어난 것은 그 유산 때문일 것이다. 사이버 공간은 정신세계처럼 눈으로 볼 수 있는 세계가 아니다. 정신세계에 훈련되어 온 인도인들이 사이버 스페이스 문제에 두각을 나타낸 것은 자연스런 현상이 아닐까. 그래서 IT 시대가 닥치자 인도인들이 다른 경제 영역의 후진성에도 불구하고 이 최첨단 분야에서 우수성을 발휘하게 된 것이다. 실리콘 밸리와 방가로르의 IT산업에 종사하는 두뇌들 중에 브라민들이 압도적으로 많은 것이 이를 입증해 주는 것이라 생각한다 (India Unbound, Anchor Books, N.Y., 2001)." 한 개인의 주관적 해석이지만 그럴 듯한 풀이로 생각된다.

비해서는 말할 것도 없고, 홍콩이나 멕시코와 같은 개발도상국들에 비해서도 낮은 편이다. 이처럼 우수한 능력과 높은 이용 편의성을 가지고 있으면서도 비용은 대단히 저렴하다는 데 인도 IT 인력의 장점이 있다.

둘째는 정부의 육성정책이다. 1991년의 개혁·개방정책에 따른 외국인투자 자유화와 1994년의 지적 재산권 보호 강화 조치 등은 IT산업 발전을 촉진하는 계기가 되었다. 구체적으로 보면 소프트웨어의 무관세 수입 허용, 소프트웨어 수출이익에 대한 소득세 100% 면세 조치, 자본재 수입에 대한 관세를 일정 규모의 수출의무를 조건으로 감면을 하는 조처 등이 이의 발달에 기여하였다. 의무기준도 200만 루피에서 100만 루피로 인하되었고, IT투자에 대한 감가상각 기준도 5년 동안 70%에서 90%로 상향하여 인정하고 있다. 소프트웨어를 포함한 정보기술을 획기적으로 발전시키고 21세기 정보혁명의 선두주자로 나가기 위하여 국가차원의 정보기술 전담 팀(Task Force)을 구성하여 정보기술 육성을 위한 실천계획(Information Technology Action Plan)을 수립하였다. 1998년 5월 National Task Force on Information Technology가 구성되었으며, 이 기구는 정보기술의 발전과정에서 나타나는 애로를 제거하기 위하여 필요한 정부의 즉각적인 조치를 확인하여 권고할 권한을 부여받았다. NASSCOM(National Association of Software and Service Companies) 역시 소프트웨어산업협회로서 이 분야의 발전과 수출확대를 위하여 다각적인 지원을 하고 있다. NASSCOM은 정부의 지원을 업고 해외시장 개척을 지원하기 위해 주요 해외시장에서 소프트웨어 관련 세미나 개최, 국제유관기구 가입을 위한 활동 등도 하고 있다.

마지막으로 해외로부터의 생산요소유입이다. 즉 부존요소의 우위와 정부의 지원정책이 알려지면서 해외로부터 중요한 관련요소들이 유입된 것이 인도 IT산업 발전의 또 다른 요인이다. 1991년 개혁·개방정책 이후 해외의 IT산업에 종사하던 인도인들이 귀국하여 창업을 주도

한 것과 함께 늘어난 외국인투자가 IT산업의 발전을 위한 시너지 효과를 창출하였다.5) Infosys, Wipro 등 주요 IT 기업 설립자들은 유입된 두뇌 및 뛰어난 국내들이 해외로 유출되는 것을 막기 위해 일찍부터 스톡 옵션 제도를 도입했던 것 역시 급속한 발전을 뒷받침했던 요인으로 지적된다. Offshoring 형태의 아웃소싱이 활성화된 글로벌 경제의 구조적 변화는 인도 IT산업이 발달할 수 있었던 토양 역할을 했다.

이밖에 IT와 관련한 인도만의 고유한 업적과 특징으로서는 WLL과함께 심퓨터(symputer)의 설계, 그리고 인도의 시골 실정에 맞는 고유한 SW 기술의 고안과 보급(IT in rural areas)을 들 수 있다. 심퓨터는 simple computer의 합성어로 교육을 제대로 받지 못한 시골민들이 쉽게 사용할 수 있는 기계로서 4,000~6,000루피(약 10~15만원 정도)의 저렴한 가격으로 보급되고 있다.

〈표 3-5〉 인도 IT 산업에서 해외로부터 귀국한 인력의 구조

과 정	Ph. D.	M.Tech.	B.Tech.	M.Sc.	B.Sc.	BCA/ MCA	PG Diploma	Diploma	ITI	합 계
수(명)	95	2,130	16,160	2,800	3,200	7,700	6,000	16,700	14,000	68,785
비율(%)	0.14	3.14	23.84	4.13	4.72	11.36	7.38	24.64	20.65	100.00

자료 : NASSCOM, Directory of Indian Software and Services Companies, National Association of Software and Service Companies, New Delhi, 2000.

'시골 IT' 역시 교육받지 못한 농민이나 어민들이 쉽게 활용할 수 있는 SW를 개발하여 보급하고 있는 것을 말한다. 남쪽 타밀나두 주에 있는 어항 폰디체리의 어민들이 이를 활용하여 어획고를 크게 올린 것이 그 성공 사례로 보고되었으며, 이 프로그램의 가장 성공적인 곳으로 알려진 마드야 프라데시 주의 경우에는 약 13,000개의 마을이 이

---

5) 미국이 자국의 기술인력을 보호하기 위하여 실시한 해외노동력의 이주제한조치가 오히려 인도로의 자본이동을 확대시키는 요인이 되기도 했다.

네트워크를 활용하는 것으로 보고되었다. 이로써 농어민들이 쉽게 IT 기술을 생활에 활용할 수 있는 기반은 마련되었으나 이를 지속적으로 훈련시킬 수 있는 방안을 아직 찾지 못하고 있는 것이 약점이다.

〈표 3-6〉인도 IT 산업에서 외국자본의 참여 분포

	10% 미만	10~25%	25~50%	50% 초과	100%	합 계
1991	0	1	3	4	2	8
1992	1	1	8	19	6	29
1993	1	1	2	25	14	29
1995	4	3	11	41	22	59
1996	2	4	11	75	34	92
1997	3	5	13	90	45	111
1998	0	3	2	97	71	10
1999	7	11	23	158	106	199

자료 : Department of Scientific and Industrial Research, Foreign, Collaboration: A Compililation, New Delhi, Ministry of Science and Technology, different years.

이상에서와 같이 세계 정상급 수준이라고 평가받는 인도 IT산업이지만 동시에 다음과 같은 몇 가지 중요한 한계점을 내포하고 있다. 선진국은 물론 경쟁국인 중국과 비교해 보더라도 인도의 IT산업은 수출에 비해 내수시장의 성장이 더디다는 점, 소프트웨어 중심으로 발전해 왔을 뿐 하드웨어 부문은 매우 낙후되어 있다는 점, 전반적인 IT 및 통신 인프라의 보급이 부진하다는 점 등이 드러난다. 치명적인 약점은 SW 중심으로 그 상품이 모두 외주에 의한 것에 불과하며 Tata 그룹 산하의 IT기업 Tata Infotec이 유일하게 몇 가지 고유상품을 내 놓은 것을 제외하고는 인도 고유의 개발품이 없다는 점이다.

다음으로 인도의 IT는 기술기반(engineering base) 영역에서 맴돌고 있을 뿐 과학기반(Science base) 영역으로는 아직 나아가지 못하고 있다는 점이다.

아래의 도표에서처럼 지식기반사회에서는 하나의 지식제품은 과학기반영역에서 창조된 지식이 기술영역을 거쳐서 완성된 상품으로 생산되어서 시장으로 출하되는데, 과학기반영역에서 다듬어지는 '지식'은 선진국이 독점하고 있기 때문이다. 여기에는 엄청난 규모의 교육비와 기타 R&D 투자지출이 요구되기 때문에 인도의 경제력으로서는 이를 감당할 수 없는 것이다. 인도의 IT산업의 발달이 세계에 알려지면서 주목을 받아 온, 7개 도시에 설립되어 있는 ITT의 교육도 기술기반영역에 머물고 있다

〈그림 3-2〉 산업사회와 지식사회의 과학·기술·시장의 관계

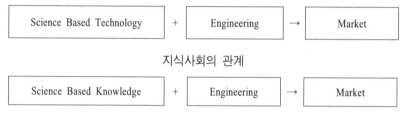

3. 과학기술 시스템의 기여

인도 과학기술체제의 특징은 다음 몇 가지로 요약된다. 먼저 정책수립자나 과학기술자집단의 대부분이 과학기술의 목적이 국민들 전체의 삶의 질의 향상을 목적으로 한다고 믿고 있다는 점이다. 이것은 인도의 문화·종교적인 배경과 사회 시스템('사회주의형 사회')의 영향으로 보인다. 둘째는 기술에 비해 과학을 강조하는 경향이 있다는 점이다. 따라서 인도의 과학기술투자는 절대적으로는 응용연구비중이 더 크지만 다른 나라에 비해 상대적으로 응용연구보다 기초연구에 치중하는 경향이 있다. 이는 기초연구를 통해 자연적으로 응용연구로 발전

하고 나아가서 산업용 기술로 응용될 것이라는 사고에서 비롯된 것이다. 셋째, 국가적 · 사회적으로 반드시 필요하다고 판단되는 분야의 과학기술은 과다한 비용이 들더라도 개발하는 경우가 많다. 예를 들어 국방에 필요한 군수, 원자력, 우주항공 등에는 다른 부분에 비해 불균형적으로 많은 투자가 이루어져 왔다. 이러한 특징 역시 인도가 독립 이후 계획경제체제를 유지해 온 것과 무관하지 않다. 넷째, 정부부문의 비중이 높은 반면 민간부문 및 산업부문이 취약하다는 것이다. 연구개발의 투자규모나 연구조직의 수준에서 정부 및 공공부문이 절대적으로 주도적 비중을 차지하고 있으나, 정부연구조직과 산업계의 연구계발활동이 서로 잘 연결되지 않는다. 최근에는 개혁 · 개방정책 이후의 자유화 정책과 맞물려 과학기술체제 및 정책도 산업기술 쪽으로 중심방향을 선회하는 변화가 일어나고 있기는 하지만 아직 그 간극이 없어지지 않고 있다.

한 국가의 과학기술체제를 뒷받침하는 것은 그 나라가 가진 과학기술자원의 양과 기반이라고 할 수 있다. 독립 이후부터 인도는 과학기술의 발전을 상당히 강조해 왔다. 인도의 국민소득에서 차지하는 연구개발투자의 규모는 1950년대까지 GNP의 0.1~0.2% 수준이었으나 이후 꾸준히 증가하여 1980년대 후반 이후에는 0.8~0.9% 수준에 이르고 있다. 아직 GNP의 1%에도 못 미치고 있지만 교육과 훈련을 잘 받은 과학기술인력의 인건비가 매우 싸기 때문에 동일한 액수의 과학기술투자를 한다고 할 때 더 많은 연구가 가능하다는 강점이 있다.[6]

인도의 과학기술비용을 사용주체별 및 내용별로 보면 순수 연구개발비용의 경우 중앙정부기관이 약 60%, 州정부가 10% 내외, 공기업이 11%, 그리고 민간기업이 15% 정도를 사용하고 있다. 정부부문의 비중이 압도적으로 높지만 경제개혁 · 개방정책 이후 민간 부문의 비중이

---

6) 임덕순, 「인도의 과학기술체제와 정책」, 과학기술정책관리연구소, 1997, pp.79~80.

점점 높아지고 있는 추세이다. 정부가 사용한 연구개발비용을 내용별로 보면 20~25% 정도가 기초연구에, 40~45%가 응용연구에, 30~35%가 기초연구와 응용연구의 중간 부문에 있는 실험적 개발연구에 사용되고 있다. 연구의 목적에서 보면 국방부문이 약 1/4을 차지하고 있으며, 산업연구와 우주연구에 각각 10~15% 정도가 사용되고 있는데, 이 분야 역시 점차적으로 산업연구부문의 비중이 점점 증가하고 있다.[7]

인도의 과학기술에서 가장 눈에 띄는 것은 역시 인적 인프라이다. 과학기술인력은 인구 100만 명 당 257명 수준이며, 전체 학생 가운데 과학기술 분야의 학생 비중은 25%에 이른다. 이를 단순한 수량비교를 통해 본다면 선진국들에 비해 많이 부족한 수치이다. 그러나 인도의 사회적 불균형 때문에 전반적인 교육수준은 낮지만 전문인력의 질적 수준은 높다는 점, 이들의 능력에 비해 임금수준은 매우 낮다는 점, 전문인력은 예외 없이 영어구사능력이 뛰어나 바이어와의 의사소통에 문제가 없다는 점 등을 고려하면 인도의 인적 인프라는 매우 높다고 할 수 있다.

인도인은 논리적 사고를 포함하여 문화적 인프라 면에서는 탁월한 역사적 유산을 가지고 있지만 물리적 인프라에서는 매우 빈약하다. 그러나 IT산업과 관련된 인프라는 정부의 지원 등으로 상대적으로 빨리 발달하고 있다.

〈표 3-7〉 인도의 과학기술인력 지표

	과학인력 수 100만 명 당	기술인력 수 100만 명 당	과학분야 학생 비중 전체학생 대비 (%)	과학기술 논문 수
인 도	149	108	25	62,000

자료 : 2000 World Development Indicators.

---

7) 임덕순, 같은 논문, pp.81~86.

대표적인 예가 소프트웨어 산업의 수출증대를 촉진하기 위해 설립한 STPI(Software Technology Parks in India) 인데, 여기서는 수출기업에 대한 관련 인프라와 각종 인센티브를 제공하고 있다. STPI는 방갈로르와 하이드라바드 등 전국에 9곳이 조성되어 있으며, 220여 개의 관련 기업들이 입주하고 있다. STPI에서는 각종 인허가 조치가 단일창구에서 이루어지며 100% 외국인 지분도 허용된다. 또 STPI 내의 모든 수입은 무관세를 적용받으며, 인도 내에서의 구입에 대해서도 물품세를 면제받고 5년간 소득세 및 수출소득세를 면제받는 등 파격적인 특혜를 부여하고 있다.[8]

〈표 3-8〉 인도 소프트웨어 기술단지(STPI)의 주요 내용

입 지	중앙정부 건설	Bangalore, Pune, Noida, Hyderabad, Bhubaneshwar, Thiruvananthapuram
	주정부 건설	Jaipur(Rajastan州), Calcutta(West Bengal州)
제공 인프라		· 전력, 공장 부지 제공 · 중앙 컴퓨터, 고속통신망 제공
행 정 편 의		· 수입 확인서, 소프트웨어 평가서, 수출인증서 발급 · 수출활동의 행정절차 간소화 · 모든 승인은 단일창구에서 처리
각종 유인책		· 100% 외국인 지분 허용 · 모든 수입은 무관세 적용 · 인도 내에서의 구입에 대해 물품세 면제 · 5년간 소득세 면제 및 수출소득세 면제 · 수출의 25%까지 인도 내 판매 허용

자료 : 여러 자료를 종합하여 작성.

이밖에 IT와 관련한 인도만의 고유한 업적과 특징으로서는 WLL과 함께 심퓨터(symputer)의 설계, 그리고 인도의 시골 실정에 맞는 고유한 소프트웨어 기술의 고안과 보급(IT in rural areas)을 들 수 있다. 심

---

8) 송하율, 「인도 소프트웨어산업의 발전 동인과 시사점」, 산업연구원, 1998, pp.13~14.

퓨터는 simple computer의 합성어로 교육을 제대로 받지 못한 시골민들이 쉽게 사용할 수 있는 기계로서 4,000~6,000루피(약 10~15만원 정도)의 저렴한 가격으로 보급되고 있다.

이상에서 언급된 사항 중에 인도에서는 응용기술에 비해 기초과학을 상대적으로 중시하고 있다는 지적이 있었는데 이는 앞 절에서 언급한 IT산업의 과학기반이 취약하다는 내용과 얼핏 모순되는 것 같이 들릴지 모른다. 인도 정부의 기본정책이나 사회 전반적인 흐름에서는 분명히 기초과학이 중요시되고 있으나, IT산업의 기반을 기술기반에서 과학기반으로 끌어올리기에는 인도의 경제력이 아직 부족하여 그 단계를 탈피하지 못하고 있다면 납득이 되리라 생각한다.

4. 교육과 기술 인력의 공급

영국의 식민지배로부터 독립했을 당시 인도의 교육 시스템은 많은 문제점을 안고 있었다. 높은 문맹률, 교육시설의 부족, 과학기술 분야 교육의 취약성 문제 등이 매우 심각했다. 이런 상황에서 인도정부는 교육의 중요성을 인식하고 문맹률의 퇴치와 의무교육을 위한 법적 제도를 마련하는 동시에 과학기술인력을 배출하기 위한 연구 및 교육시설을 신설하거나 확충하였다.

여전히 국민의 약 40%가 문맹이지만, 카스트 사회의 성격을 반영하듯 상대적으로 대학교육이 초중등교육보다 훨씬 중시되고 있어 교육의 질에 있어서는 그 격차가 극심하다. 따라서 높은 문맹률에도 불구하고 잘 훈련된 전문기술인력은 풍부히 양성되고 있는 것이다. 초중등 교육을 보면 교육기관이 공립학교(government school)와 사립학교(public school)로 이원화되어 있으며 사립학교에 입학하는 것은 쉽지 않아 여유 있는 학부모들도 유치원 입학 때부터 자녀를 사립학교에 보내기 위해 치열한 노력을 쏟기 시작한다.

사립학교에서는 유치원 과정을 포함하여 전 기간에 걸쳐 영어로 교육을 받으며 대학은 특수한 분야를 제외하면 모든 강의가 영어로 이루어지기 때문에 이 과정을 차질 없이 거친 대학 졸업자는 영어 구사력이 거의 완벽하다. 초중등 사립학교에는 박사학위를 소지한 우수한 교사들도 적지 않으며, 명문 고교에서 좋은 성적을 취득한 졸업생들은 옥스퍼드나 하버드 등 영미의 유수한 대학에 어렵지 않게 입학한다.

한편 대학교육을 보면 독립 당시 인도에는 20개의 대학 밖에 없었으나 지금은 150여 개로 늘어났으며, 인도과학원(Indian Institute of Science), 인도농업연구원(Indian Agricultural Research Institute) 등 34개 기관들은 대학으로 간주되고 있다. 전문대학의 수도 600여 개에서 7천여 개로 늘어났고, 교수진의 수도 20만 명에 이른다. 이러한 발전 가운데서도 특히 우리의 눈길을 끄는 것은 오늘날 세계 수준의 기술교육을 실시하고 있는 IIT(Indian Institute of Technology)와 같은 전문교육기관의 설립이다.

인도 IT산업의 주요한 경쟁력이 풍부하면서도 저임금인 우수한 인적 자원에 있다는 것은 널리 알려진 바와 같다. 인도의 IT인력 공급원은 크게 두 가지로 나눌 수 있는데, 일반 정규대학의 컴퓨터관련 학과를 졸업하는 경우와 컴퓨터관련 비전공자를 대상으로 소프트웨어 훈련을 전문적으로 제공하는 훈련기관 등을 통한 경우 등으로 구분할 수 있다. 일반 정규대학의 경우 인도 내 230여 개의 종합대학과 전국 7개 도시에 설립되어 있는 IIT를 비롯한 2,100여 개의 공과대학 컴퓨터 관련학과 등에서 매년 약 8만여 명의 IT관련 전문 인력이 배출되고 있는데, 이들 인력은 대학졸업과 동시에 IT 전문가로 즉각 활용이 가능한 인력들이다.

이와는 별도로 인도 내에는 민간업체에서 운영하는 NIIT, Aptech 등과 같은 소프트웨어 전문 기술교육회사가 전국적으로 수백 개의 훈련

센터를 설치하여, 일반대학의 비컴퓨터학과 출신들을 주로 수용하여
짧게는 6개월, 길게는 4년 여에 걸쳐 전문적인 훈련과정을 거쳐 관련
정규대학 출신과 거의 동일한 자격을 획득케 한 후 관련업체에 취업케
하는 경우도 있다. 이 과정을 거쳐 매년 약 4만여 명이 배출되고 있는
데, 이들 정규대학 출신 및 전문훈련기관 출신들이 인도 국내는 물론
주로 미국 등으로부터 스카우트 대상이 되어 왔다. 인도정부는 IT인력
에 대한 국내수요증가 및 해외유치 경쟁으로 IT인력 부족이 예상되자
IT인력 양성을 위한 기금설치, 교육기관의 확대 등과 함께 사설학원에
서 배출되는 비정규과정 출신에 대한 훈련을 강화, IT인력을 연간 20~
30만 명 배출할 수 있는 계획을 진행시켜 왔다.

　여기서 특기할 사실은 IT 관련 기술교육훈련이 산업화해 가고 있다
는 점이다. 이를 두고 흔히 개방 후의 시장경제가 몰고 온 제2의 혁명
이라고 일컫는다. 그 교육을 담당하는 대표적인 기업은 앞서의 Aptech,
NIIT 그리고 Tulec 등이며, 특히 NIIT는 SW 전문 교육훈련 다국적기업
으로 성장하여 2003년 현재 세계 31개국에 진출하고 있다. 최근에는
중국에도 진출하여 상해(上海)에서는 그 수강 등록자 수가 600명이며,
중국 저명 대학의 교수 11명이 상해교육원을 거쳐 나갔다는 사실은 그
들의 자랑거리이다.

〈표 3-9〉 경제개발계획기간별 교육지출현황 (단위 : %, 100만Rs)

기 간		지 출 비 중						
		초등교육	중등교육	성인교육	고등교육	기 타	기술교육	합 계
제1차	1951/52~55/56	58	5		8	15	14	100
		870	80		120	230	210	1,510
제2차	1956/57~60/61	35	19		18	10	18	100
		950	510		480	300	490	2,730
제3차	1961/62~65/66	34	18		15	12	21	100
		2,010	1,030		870	730	1,250	5,890

계획휴일	1966/67~68/69	24	16		24	11	25	100
		750	530		770	370	810	3,230
제4차	1969/70~73/74	50		2	25	13	10	100
		3,743		126	1,883	936	786	7,774
제5차	1974/75~78/79	52		2	28	9	9	100
		5,913		248	3,188	1,071	1,015	11,435
제6차	1980/81~84/85	32	20	6	21	11	10	100
		8,414	5,344	1,533	56,004	2,729	2,563	26,187
제7차	1985/86~89/90	37	24	6	16	3	14	100
		28,494	18,315	4,696	12,011	1,980	10,833	76,329
임시계획	1990/91~91/92	37	22	9	12	2	17	100
		17,290	10,530	4,160	5,880	1,180	8,230	47,270
제8차	1992/93~96/97	48	24	5	10	3	10	100
		103,940	52,311	11,421	20,944	7,398	21,987	218,001
제9차	1997/98~01/02	66	10	3	10	2	9	100
		163,696	26,035	6,304	25,000	4,314	23,735	249,084
제10차	2002/03~06/07	67	10	3	8	2	10	100
		287,500	43,250	12,500	36,070	6,180	43,000	428,500

자료 : Government of India, India 2003, p.81.

제4장
소프트웨어 산업의 추이와 인력 수급

1. 소프트웨어 산업의 발달 추이

　인도가 경제를 개방한 시점이 미국의 IT 붐이 일던 시기와 일치하여 SW를 중심으로 하는 IT 및 IT로 인한 서비스 산업(BPO 또는 IT-enabled services)이 발흥하고 그것이 견인차 역할을 함으로써 제조업의 발전이 결여된 채 서비스 산업이 발달하는 형태를 보여 왔다. 이러한 성장세에 힘입어 제조업도 빠르게 성장하고(2005~2006, 11% 성장) 있고 특히 중산층의 구매력 증가로 인한 국내 소비의 급증을 반영하여 유통업(36%)도 역시 급속히 신장되고 있다. 그러나 자급경제를 추구하던 과거의 유산을 극복하지 못해서인지 수출규모는 세계 총 수출액의 1.3%(중국 6.6%)에, FDI는 0.8%(중국 8.2%)에 그치고 있다.

　글로벌 금융위기가 불어 닥치기 전, 높은 성장률에 고무된 장미빛 미래상과 세계 시장에서 유수 외국기업들을 합병하는 등 개가를 올렸던 인도소속의 다국적기업들 그리고 그 몸값이 계속 상승했던 IT 전문 인력들과 같은 밝은 인도의 이면에는 약 3억 정도로 추산되는 절대빈곤층, 노동력의 60%가 거주하고 있는 농촌의 궁핍, 복잡한 정치사정에

얽혀 제대로 청산되지 못하고 있는 낡은 폐습들 등 어두운 측면들도 없지 않다. 연전 세계은행이 2020년까지 연 8%의 성장률이 지속될 것이라는 전망을 내 놓은 후 인도의 신문에는 그 전망치가 대서특필되고는 했지만, 세계은행의 예상은 노동시장과 금융시장의 개혁, 관료주의 청산 그리고 실질적인 교육환경의 개선이라는 숙제를 제대로 마쳐야 한다는 점을 전제로 한 전망치였다는 점을 상기할 필요가 있다.

〈표 4-1〉 인도의 연간 소프트웨어 전문 인력 배출 현황 (단위 : 명)

학 위	2000-01	2001-02	2002-03	2003-04	2004-05	2005-06
공학전공 졸업생 수	201,246	233,947	259,130	294,251	327,013	368,672
4년제 과정	82,107	109,376	128,877	151,856	178,922	214,658
3년제 과정	119,139	124,572	130,252	142,395	148,091	154,014
IT분야 전공 전문인력 수						
4년제 공학전공	53,370	71,066	81,423	93,968	99,162	109,983
3년제 공학전공	41,128	44,175	45,221	45,871	47,017	48,193
IT 전문인력 신규취업자 수	74,364	90,867	71,961	79,593	82,233	90,152
4년제 공학전공	42,696	56,853	47,225	54,502	57,514	63,790
3년제 공학전공	31,669	34,015	24,736	25,091	25,719	26,362
IT 신규취업자 중 비전공자	32,025	35,612	39,746	46,324	54,250	63,149
IT 신규취업자 중 비정규학위자	26,597	31,620	34,926	39,205	42,446	47,061
신규 IT 노동력 공급 총수	132,986	158,099	146,633	165,121	179,929	200,362

자료 : NASSCOM. The IT Industry in India: Strategic Review 2003, National Association of Software and Service Companies, New Delhi, 2003, p.140.

IT산업이 가장 먼저 발달한 도시는 카르나타카(Karnataka)주의 수도 방가로르라는 사실은 주지하는 바와 같다. 이를 시작으로 하이드라바드(Hyderabad), 경제수도라 불리는 뭄바이, 그리고 첸나이, 푸네, 델리 근교 도시인 노이다와 구르가온 등이 IT산업이 발달한 중심도시들이다. 방가로르가 IT 중심도시로 성장하자 이는 이웃 Andhra Pradesh주를 자극했다. 주 수상(Chief Minister) 찬드라 바부 나이두(Chandra Babu Naidu)가 적극적으로 외국 기업 유치에 나선 것이다. 이리하여 기업 경영자와 같은 신선한 주 정부 운영과 적극적인 인센티브의 제공으로 주

하이드라바드의 라지브 간디 국제공항

인도에서 가장 설비가 잘 되어있는 공항으로 알려져 있다. 그밖에
AP주에는 천혜(天惠)의 항구로서 Vishakhapatnam항구가 있으며, 조금
작은 규모의 Kakinada항구도 있다. 인도에서는 해운이 제일 저렴한
물류수단이다. (사진제공; CASKNU)

수도 하이드라바드가 제2의 IT중심지로 발돋움하게 되었다. 그는 정
부기관 전산화 사업을 통해 IT성장을 유도하면서 관료적 늑장행정을
개선했다. e-Seva(e-Service)와 CARD(Computer Aided Administration of
Registration Department)사업이 그 예이다.

 하이드라바드의 성장은 거의 전적으로 나이두라는 지도자의 적극적
인 노력으로 이루어진 성과이다. 나이두 주지사는 한국의 새마을 사업
을 벤치마킹하여 경제부흥 뿐만 아니라 주 정부 행정을 크게 개선한
업적으로도 유명했으나 2004년 선거에서 낙선하고 말았다. 방가로르가
성장하면서 교통문제, 주택가격 및 토지가격의 상승 등으로 투자여건
이 어려워지자 제2의 투자대상지역으로 하이드라바드가 환영을 받아
성장이 더욱 촉진되었던 것인데, 이제는 하이드라바드 마저 포화상태
에 근접하게 되어 첸나이와 푸네가 IT 성장 도시로 떠오르게 되었다.

 인도에 IT산업이 발달하게 된 원인이 무엇인가에 대해서는 정부의

적극적인 지원정책의 결과라는 의견과, 정부의 간섭이 배제되어 관료적 구속으로부터 자유로웠기 때문이라는 두 가지의 상반된 견해가 있다. 먼저 정부정책설은 인도정부가 일찍 IT산업의 중요성을 예견하고 이 부문에 대한 세제상의 혜택, 규제의 완화, 외환 우선 배정 혜택, 수입 컴퓨터에 대한 관세 면제, SEPZ(Software Export Processing Zone, 1981년에 방갈로르에 지정) 설치 등의 조처를 취했기 때문에 이후 IT산업이 급속히 성장할 수 있었다고 설명한다. SW부문에 대해서만은 자유화가 훨씬 일찍 시행되었다고 주장한다. 즉 인도 경제 전반에 걸친 자유화 정책이 실시되었던 1991년 보다 훨씬 이전인 1984년에 SW에 대한 자유화 정책이 시작되었으며, 정부 주도로 EOU(the 100% Export Oriented Units), EHTPs(Electronics Hardware Technology Parks), STPI (Software Technology Parks In India), The Task Force on IT and SW Development 등을 설립하여 이 산업을 지원했다는 것이다.[1]

이러한 견해와는 반대로 정부의 지원 때문이 아니라, 면허왕국(license raj)이라는 악명이 말해주듯이 비능률, 무성의, 불합리한 규제만능주의, 비 전문성 등으로 설명될 수 있는 인도정부의 타성적 억압에서 벗어났기 때문(benign neglect)에 이 분야가 일찍 발달할 수 있었다는 것이 그 반대의 입장에서 주장하는 견해이다. 인도정부의 역할은 기업가들을 질식 상태로 몰아넣어 기업의 성장을 가로막았을 뿐이라는 것이다. 그러므로 IT 산업 역시 개방정책 이후의 경제자유화와 더불어 성장한 것이며, 그 위에 IT는 정부의 간섭을 덜 받는 특성이 있고 자료와 제품이 전파를 타고 전송되기 때문에 인도의 최대 약점인 빈약한 인프라에도 불구하고 성장이 가능했다는 의견이다.

다음은 위의 견해가 설득력 있게 들리게 하는 예들이다. 방가로르에 제일 먼저 진출한 미국 기업은 텍사스 인스트루먼츠(Texas Instruments)

1) CASI, India's Strategy of IT-Led Growth- Challenge of Asymmetric Dependence, 2005. Banaji, Bala.

사로 1985년에 칩 디자인 센터를 이곳에 설립했다. 센터가 제대로 가동되기 위해서는 미국 본사와 데이터 전송장치의 연결 즉 connectivity 문제가 선결되어야 했고, 여기에는 64K line이 필요했다는 것이다. 그런데 인도 정부에 이 사용권을 신청한지 3년이 지나서야 겨우 승인을 얻었다고 한다. 특히 마지막 단계의 연결(last-mile- connectivity)이 관건이었는데 이것 역시 DOT(Dept. of Telecommunication) 및 국영 독점통신업체인 BSNL의 무능, 무성의, 비협조, 각종 관료적 규제(red tape) 등으로 해결이 안 되어 결국은 건물에 접시 안테나를 달아 통신 위성과 연결함으로써 그 문제를 풀었다는 것이다.

1960년대 초에 아시아 지역 컴퓨터 생산 중심 기지를 구상하면서 미국의 IBM과 영국의 ICL이 뭄바이 근교에 컴퓨터 조립 공장을 건설했었다. 그러나 '기업하기 지옥 같은 분위기'에 못 이겨 두 기업 모두 철수해 버렸던 전력도 있다. 인도의 대표적 소프트웨어 업체인 인포시스(Infosys)가 창립초기에 겪지 않으면 안 되었던 어려운 이야기를 들어 보자. 그 창업자 무르티(Narayana Murthy)는 1981년에 다른 6명의 동료와 함께 소프트웨어 회사 인포시스(Infosys Technologies)를 설립했다. 자본금은 당시 미화로 1,333달러에 해당하는 1만 루피였다고 한다. 그 인포시스는 연전 OECD가 발표한 세계 250대 기술 기업(technology firm)으로 진입한 인도 3대 기업(TCS, Wipro, Infosys)의 하나로 미국, 유럽 등지의 많은 기업들을 합병한 다국적 기업이다. 무르티는 창업 연도인 1981년부터 1992년의 세월은 말 그대로 숨막히는 세월이었다고 술회한다.[2]

1,500달러짜리 컴퓨터 한대를 구입하는데 8~12개월이 걸렸을 뿐만 아니라, 방갈로르에서 델리까지 15~20회의 출장을 다녀와야만 했다는 것이다.[3] 그처럼 경직되어 어려웠던 사정이 변하기 시작한 것은 외환

2) Bajpai and Shastri, *Software Industry in India; A Case Study*, Harvard Institute for International Development, 1998.

위기가 발생했던 1991년에 출범한 라오 정부가 자유화정책을 채택한 이후 부터였다는 것이다. (1) L/C개설이 자유로워지고, (2) 사사건건 정부의 승인을 받아야 하는 규제가 없어져 자금조달이 용이해졌으며, (3) 외국에 지점이나 사무소를 개설하거나 해외 법인을 설립하는 것이 허용되었고, (4) 외국기업의 인도 진입이 허용됨으로써 인도기업에게 경쟁에 눈을 뜨게 한 것이 그 변화였다는 것이다.

인도 소프트웨어 산업이 성공적인 성장을 이룩하는데 가장 크게 기여를 해 온 기구로서는 STPI(Software Technology Parks In India), NASSCOM 그리고 The Task Force on IT and Software Development를 꼽을 수 있을 것이다. 그 중 단일창구 서비스(single window service)를 기본 특징으로 하는 STPI의 기여도는 매우 높다. 원거리 사무실과의 데이터 전송속도가(high speed data communication link)가 생명인 소프트웨어 산업에게 인도 특유의 늑장행정은 치명적인 악조건이었을 터이고, 이를 극복하려고 최선을 다한 업계의 노력이 이의 실현을 가져왔을 것이다.

STPI가 최초로 등장한 것은 1990년의 푸네였고, 방가로르 등 IT 중심도시에서 본격적인 가동을 시작한 것은 1991년이었다. 타스크 포스가 출범한 것은 그 훨씬 훗날인 1998년 5월이었다. 이미 소프트웨어 산업에 불이 붙은 다음에 생겨난 기구들이다. 물론 정부의 지원이 소프트웨어 산업의 발달에 기여를 한 것은 사실이지만 이상과 같은 점에서 미루어 볼 때 IT산업의 발달을 가져온 보다 근원적인 원인은 정부의 지원정책에서 찾기보다, 업계 스스로의 노력으로 정부의 양보(concession)를 얻어낸 결과라고 보는 견해에도 무시 할 수 없는 타당성이 엿보인다.

---

3) 비행기 여행이 일반화 되어 있지 않았던 그 시대에 기차로 3~4일이 소요되는 거리이다.

2. 글로벌화 및 다국적기업의 역할

　이상의 견해는 발달요인을 국내의 측면에서만 바라 본 분석 결과들
이다. 인도의 IT, 더 나아가서는 인도의 경제성장 자체도 1990년대 이
후의 급속한 글로벌화의 흐름에 인도가 동참함으로써 등장한 현상이
다. 즉 인도 IT의 발달은 1990년대 세계경제의 상황 변화와 인도의 조
건이 잘 맞아서 그렇게 되었다고 해야 할 것이다. 1970~1980년대는 일
본 경제가 욱일승천하던 연대이고, 1980년대는 미국 경제가 와신상
담을 하던 시기였으며, 그 노력의 결과 미국 경제는 90년대에 부활
하게 되었고 이는 실리콘 밸리의 왕성한 투자를 가져 왔다. 축소지향
(downsizing), 구조조정(restructuring), M&A, R&D 등은 변화를 향해 몸
부림치던 1980년대의 미국경제를 상징적으로 대변해 주는 개념들이었
고 1990년대 미국 경제의 부활은 오프쇼어링(offshoring)이라는 새로운
생산 시스템을 일반화시켰다.

　2007년 1월의 에코노미스트 지는 G. 그로스만과 로시 한스버그
(Grossman and E. Rossi-Hansberg)가 발표한 논문 「The Rise of Offshoring-
It's not wine for cloth anymore」를 인용하여 오늘날에는 글로벌 경제의
생산 사슬체계(production chain)가 변화하였음을 강조하고 있다.4) 즉,
완제품만의 교환이 아니라 완제품의 조립에 필요한 '부품'과 그리
고 오프쇼어링의 발달에 따라 '업무(task)'의 국제간 거래가 일반화 되
었다는 것이다. 이를 '생산의 국가간 수직적 통합(vertical integration of
production across border)' 또는 '과업의 국제거래(trade in tasks)'라 표현
하면서 이는 오늘날 새로운 패러다임으로 정착하고 있다고 말한다. 즉
광범한 오프쇼어링의 시대가 개막된 것이다. 이런 시대가 열리던 1990

---

4) *Economist*(Jan. 18, 07)

년에 외환위기를 맞은 인도는 이듬해인 1991년에 IMF가 구제금융을 제공하는 조건으로 제시했던 개방경제로의 정책선회를 수용했다. 그리하여 계획 경제의 족쇄로 부터 풀려나는 동시에 글로벌 경제에 통합되어 간 것이 원거리에서 본 인도 IT 발달의 원인이다.

그러면 인도가 오프쇼어링의 대상으로 부상하게 된 배경은 무엇인가? <그림 4-1>은 1998년 판 NASSCOM 자료에서 인용한 것이다. IT관련 업무의 offshoreing으로 인도가 명성을 얻기 시작했던 시기의 자료이다. 당시 아일랜드, 이스라엘, 싱가포르 등 국가에 비해 인도 기술의 질은 우수하지 못했지만 코스트 면에서 인도는 경쟁력을 발휘했다는 점을 알 수 있다.

그 당시 인도 전문 인력의 평균 인건비는 미국의 약 25%였던 것으로 알려져 있다. 그리고 소프트웨어 기술과 관련된 능력은 과학 또는 공학 분야의 기본적인 대학 교육을 받은 인력에게는 하드웨어와는 달리, 값비싼 장치 등 거액의 자본 투자가 없이도 훈련이 가능했기 때문에 변화된 환경에 쉽게 접근할 수 있었던 것이다.

1980년대 후반 이후 미국의 노동시장에서 단순 작업노동이 급속히 감소하기 시작했다. 그런 단순작업들이 국외로 아웃소싱되기 시작했기 때문이다. 이것은 포춘 500 기업의 2/3가 인도에 아웃소싱하고 있다는 사실과도 일치하는 현상이다. 그리고 또 이것은 인도 IT 발달에 있어서 이들 다국적 기업들의 역할이 결정적이었음을 반증하는 것이다.[5]

IT 기업으로서 인도에 가장 먼저 진출한 다국적기업은 버로우스(Burroughs)와 IBM으로 1970년대 후반이었다. 폐쇄경제를 유지하고 있던 인도 정부는 대 인도 투자의 조건으로 인도 기업과의 합작을 내세웠는데, IBM은 인도정부의 이 요구를 거부하여 철수를 했고 버로우스

---

5) Patibandla, M. and Petersen, B., 2002, "Role of Transnational Corporations in the Evolution of a High-Tech Industry: The Case of India's Software Industry" *World Development*, 30, 9, 1561-1577.

는 인도 기업인 TCS(Tata Consultancy Service)와 제휴를 했다. TCS가 오늘날 세계 250대 기술기업의 하나로 성장하게 된 계기는 여기서 마련되었다고 할 수 있다.

〈그림 4-1〉 India's Position in Quality Spectrum

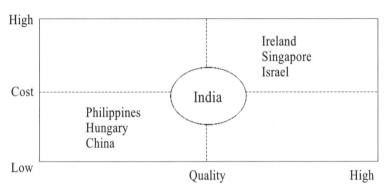

Source: NASSCOM, 1998.

그런데 인도 IT 발달에 있어서 획기적인 기여를 한 다국적 기업은 앞서 언급한 텍사스 인스트루먼츠(TI)로서 1985년에 방가로르에 진출하여 인도 정부의 반기업적 태도를 변화시키는데 많은 역할을 했다.6) TI의 인도 개척이 성과를 거두자 마이크로 소프트가 1987년에 진출하여 MS 인도 개발센터(Microsoft's India Development Center)를 개설하였고 이 센터는 워싱턴 주 레드몬드에 있는 본부를 제외하면 MS 산하 개발 센터 중 가장 큰 규모로 성장했다.

인도 정부의 폐쇄적인 규제 때문에 인도에서 철수했던 IBM도 1990년대 초에 방가로르로 돌아 왔다. IBM은 심지어 2006년도 6월에 매년 뉴욕에서 개최하던 '투자자의 날(investors' day)' 행사를 방가로르에서 열어 인도의 중요성에 대해 새로운 인식을 갖게 했는데, 2006년 현재

---

6) 카르나타카 주 IT 장관을 역임한 Vivek Kulkarni와의 대담에서, 2004.10.22.

IBM 인도 자회사에 근무하는 전문 인력은 53,000명에 달한다.[7] 이 자리에서 향 후 3년간 60억 달러 추가 투자계획을 발표하는 등 미국의 본부를 제외하면 인도가 IBM의 핵심 전략 지역이 되어 있다는 점을 공개적으로 보여 주었다.

1999년에 델리에 콜 센터를 개설하여 ITES-BPO(IT enabled service-business process outsourcing)의 가능성을 연 GE는 콜 센터 전문 기업 Gecis를 설립하여 15,000명의 인원을 고용하는 한편 방가로르에 있는 잭 웰치 센터(Jack F. Welch Technology Center)는 R&D 활동에 역점을 두고 있다. 이들 다국적기업들은 인도 기업들에게 경영 노하우, 고객관리 기법과 최신기술 이전 등을 전수 하는 효과를 통해 인도의 IT 발달에 지울 수 없는 공헌을 했다. 노르텔(Nortel), 휴렛 페커드, 모토롤라 등도 TCS, 인포시스, 위프로(Wipro)와 같은 인도 소프트웨어 기업들이 세계적 기업으로 성장하는데 많은 기여를 한 기업들이다.

3. 전문 인력과 아웃소싱

인도의 과학기술인력 배출을 이야기 할 때면 항상 언급되는 대학이 IIT(Indian Institute of Technology)이다. IIT(Indian Institute of Technology) 등 일부 유수한 대학의 교육수준은 대단히 높다. 이들 대학의 우수한 교수는 옥스포드나 캠브리지 또는 하버드 등 세계의 명문대학에 수평 이동을 한다. 이처럼 교육 전반의 질적인 편차가 대단히 크다. IT의 허브 도시인 방가로르에는 타타(Tata)가문이 1911년에 설립한 IISC(Indian Institute of Science) 외에도 IIM(Indian Institute of Management), IIIT (Indian Institute of Information Technology)이 있고, 하이드라바드에는 IIB(Indian Institute of Business) 등 대학 또는 전문 교육기관이 있어 SW

---

7) *Economist*, April 4th, 2007, Hungry Tiger, Dancing Elephant.

산업의 발달에 따른 인력 수요에 대응해 왔다. 특히 IIT가 배출한 인재들의 면면은 매우 인상적이다.[8] 실리콘밸리의 창업자 가운데 15%가 IIT 졸업생들이다. 그리고 IBM 엔지니어의 28%, 미국항공우주국(NASA) 기술인력의 32%, 미국 의사의 12%가 IIT 출신들이다.

또 영국 통신업체 보다 폰의 CEO 아룬 사린, 모토롤라의 파드마스리 와이어, 선마이크로 시스템즈의 공동 창업자 비노드 코슬라 등 포춘(Fortune) 500대 기업의 중역 중에도 IIT가 배출한 걸출한 인재들이 적지 않다.

전국 각지로부터 우수한 인재들이 이 대학으로 몰려드는데 그 입학시험인 JEE(Joint Entrance Examination)은 어렵기로 유명하다[9] 그렇게 선발되어 훈련 받은 인재들을 채용하기 위해 세계의 기업들이 이 대학을 찾는 것이다.

영어구사능력은 보통 생각하는 것 보다 훨씬 중요하다. 인도 SW 및 BPO 관련 기업의 가장 큰 고객은 미국의 기업들이고 그 다음은 영국이라는 사실에서도 이는 입증된다. TCS(Tata Consultancy Service) 수주 총액의 20%가 영국기업으로부터의 발주인데 이는 유럽 전역으로 받는 주문 총액 보다 많은 액수이다. 독일 항공사 루프트한자는 언어 문제 때문에 콜 센터를 인도에 두지 않고 남아프리카와 터키에 두고 있으며, 인도 IT 전문가들을 스카우트하려는 독일기업들은 희망자들을 찾지 못해 헛걸음을 하는 경우가 허다했던 것이다. 인도 기술자들이 언어 문제로 영어권을 선호하기 때문인데 언어의 중요성을 실감할 수 있는 대목들이다.

이와 함께 과학 및 엔지니어 교육을 받은 인도 인력들이 일찍부터

---

8) http://blog.chosun.com/log,view.screen?blogId=1990&logId=2015053

9) 이처럼 어려운 입시에만 초점을 맞추어 공부한 학생들이 문제풀이에는 능숙하지만 창의력이나 일반교양에서 뒤떨어질 수밖에 없다는 점을 지적하는 비판도 있다.

미국으로 진출했다는 사실과, 미국의 수학 및 과학 교육에 대한 열기가 식은 것도 인도의 IT 발달에 기여한 요인이 된다.[10] IIT는 네루가 미래의 인도를 위해 1951년에 전국 7개 도시에 설립한 과학 기술 대학으로 정부의 대폭적인 지원을 받아왔다. 그러나 이 대학들이 졸업생을 쏟아내기 시작한 1960년대부터 1980년대까지 인도는 이들에게 일자리를 제공하지 못했고 그래서 그들 중 많은 인력이 미국으로 건너갔다. 1990년대에 접어들면서 IT 붐이 일어나자 이들 인력이 실리콘 밸리로 흡수되어 미국의 IT 붐을 뒷받침하게 되었으며, 이들과 연결된 인적 네트워크가 인도를 아웃소싱 대상으로 부상시키는데 일익을 담당했다는 것이다. 인도는 한국 못지않게 인적 유대가 중요시되는 사회(crony society)로 학연 등의 네트워크가 아주 중요한 곳이다. 그들 중 많은 인재들이 실리콘 밸리에서 갈고 닦고 터득한 기술과 경영 노하우로 무장하여 귀국한 후 창업을 한 것 역시 인도 IT 발달에 밑거름이 된 것이다.

시간이 흐를수록 인도 소프트웨어 산업의 가치사슬(value chain)이 점차 상향 이동을 하고 있어 인력 공급은 더욱 어려운 문제에 부닥치게 되었다. 그 주된 수출대상인 미국의 시장이 워낙 다이내믹한데다가 기술 조건이 급속히 변하기 때문에 고급기술(high-end) 또는 고급 기술에 가까운 수주를 소화시킬 수 있는 인력을 배출하기에는 상업적 교육 기업인 NIIT와 같은 기구로서는 힘겨운 시점에 도달한 것이다. 이제 콜 센터나 백 오피스 프로세싱을 비롯한 저급(low-end) 기술에 그치지 않고 (1) 글로벌 네트워크의 모니터링 (2) 핼프 데스크 지원과 유지 보

---

10) 빌 게이츠와 엘리 브로드(Eli Broad)가 "강한 미국학교 만들기(Strong American Schools)"라는 구호를 내걸고 대통령 선거에서 이를 이슈화하기 위해 6천만 달러를 분담하기로 했다는 2007년 4월 25일자 뉴욕 타임스지의 보도는 미국 과학 교육의 상대적 위축으로 미국 첨단 기술 분야의 독보적 위치가 위협 받을지도 모른다는 미국 첨단 기업가들의 우려를 대변한 것이 아닐까. The New York Times, April 25, 2007, Billionaires Start $60 Million Schools Effort.

수 (3) 데이터 베이스 관리 그리고 더 나아가서는 생산 디자인, 법률 서비스, R&D 특히 제약 및 BT분야에서 매우 높은 수준의 R&D까지도 인도에 아웃소싱을 하게 된 것이다(그림 4-2).

그 결과 인도 SW분야는 훈련받은 전문 인력의 공급이 크게 부족한 애로현상에 직면하였으며 그 여파로 스카우트 전과 높은 직장 이동률(frantic job-hoping)이 한때 대단히 격화되었었다. 애플(Apple)사는 2006년도에 인도 IT 전문가에 대한 상승된 임금수준으로는 타산이 맞지 않는다는 이유로 인도의 offshoring 센터를 폐쇄했다. 대학을 갓 졸업한 전문 인력의 월급이 교수의 평균 봉급의 2.5배에 이르는 현상이 늘어나면서 대학에서는 교수 요원의 확보가 새로운 숙제로 등장하기도 했다. IIT는 미국대학에 봉직하고 있는 인도인 교수를 미국대학 수준으로 대우하는 조건으로 2~3개월 단기로 초빙하여 그 간격을 메워 보려 노력했지만 그 부족을 충족시킬 수는 없었다. 그나마 자금이 상대적으로 풍부한 IIT나 그런 조처를 취할 수 있지 다른 대학은 엄두도 내지 못했던 것이 현실이다.

1990년대 이후 세계경제의 새로운 특징으로 등장한 것이 광범한 아웃소싱이고 이를 가장 많이 활용해 온 나라가 미국이며, 미국의 기업들이 가장 선호하는 대상이 인도이다(80%). 그들은 인도를 선호하는 이유를 "World class R&D activities and low cost human resource"라 설명한다.

2000년대 초의 닷컴 거품의 붕괴와 실리콘 밸리의 위축은 R&D와 이노베이션의 글로벌 현상을 확산시켰다. 위기를 맞은 많은 기업들이 살아남기 위해 광범한 아웃소싱을 선택했고 R&D를 자체적으로 해결하는 것이 어려운 중소기업들은 R&D를 아웃소싱하기 시작했다. 그 결과 세계경제는 "Globalization of Innovation"시대로 나아가고 있는 것으로 이해되고 있다. 이처럼 R&D offshoring이 일반화됨에 따라 이제 R&D가 대규모 예산을 확보할 수 있는 거대기업만의 전유물이었던 시대에 변화가 온 것이다.

이와 같은 새로운 움직임은 아웃소싱 메카로서의 인도의 위치를 더욱 공고히 했다. Wipro[11]의 경우는 몇 년 전에 이미 R&D에서 오는 수익이 전체 수익의 1/3을 넘어섰다고 한다. 세계의 유수한 기업들이 인도에 R&D센터를 설립하고 있고 한국의 삼성과 LG도 방갈로르, 노이다 등에 연구소를 열었다.

〈그림 4-2〉 인도 소프트웨어 산업의 기치사슬 상승

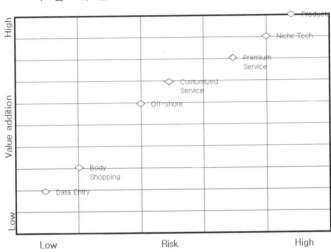

<그림 4-3>은 인도에 진출해있는 주요 서구 기업들의 특허 취득 현황이다. 인텔(Intel)의 인도 센터가 2003년에 출원한 특허가 63건이었으며, 인텔의 방갈로르 R&D센터에는 1,500명(2004년)의 전문 인력이 배치되어 있다. 이스라엘에 그 비슷한 규모를, 중국과 러시아에는 그보다 적은 규모의 R&D센터를 두고 있는 것으로 알려져 있다. 인텔의 인도 센터는 매년 신규 대학 졸업자와 외국에서 되돌아오는 기술 인력을

---

11) Wipro사도 2008년도에 부당거래를 한 사실이 밝혀져 많은 제약을 받았다.

대상으로 필요인원을 채용하여 자체적으로 재교육을 시키는 방법으로 인력을 충원해 가고 있다. 독일 기업 SAP는 Wipro, TCS, Infosys와 공동으로 훈련시킨 인력들을 대상으로 선발을 한다.

〈그림 4-3〉 다국적기업의 인도 자회사가 획득한 특허

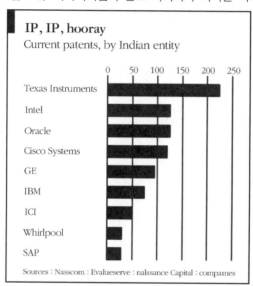

자료: Economist, 2004. 4. 1.

반도체 업체에서 DSP(Digital Signal Processing)로 영역을 확장시킨 SC사가 인도의 인력을 잘 활용함으로써 성공적 성과를 거둔 예를 들어보기로 한다. 업계의 경쟁이 치열해지자 SC사는 DSP를 기초로 고객에게 system solution을 제공하는 R&D부문으로 영역을 확대했다.

SC사는 인도에 아웃소싱을 하기로 결정하고 1990년에 자회사 DG를 방가로르에 설립했는데, DG의 업무는 complete design solution을 고객에게 제공하기 위한 R&D와 그 R&D 활동의 많은 부분을 아웃소싱하는 인도 협력업체(third party organizations)들을 관리하는 것이었다. 이렇게 R&D를 담당하는 자회사를 인도에 두고 그 자회사의 협력업체

에 아웃소싱을 함으로써 SC는 생산비의 절반 이상을 절약했다. 2001년 도까지 인건비는 미국의 1/4, 생산완료 기간은 1년에서 7~8월로 짧아졌다는 것이다(그림 4-4).

SC사가 성공할 수 있었던 가장 중요한 요인은 인도에 R&D파트를 담당하는 DG를 설립하여 최적임의 협력업체를 물색하고, 적임이라는 확신이 생기면 이들과 관계를 맺어서 지속적인 우호관계를 잘 유지했다는 점이었다(Initiating and establishing relationship, building the network and managing the network). 인도 주재 DG 대표는 업무시간의 25%를 협력업체들인 third party organization들과 친밀한 관계유지를 위한 활동에 할애한다는 것이다. DG대표가 했다는 말을 다음에 인용한다.

> The third parties are extension of my organization. And there is a fundamental give and take to create a win-win culture based on relationships.

다음은 협력업체 CEO가 한 말이다.

> It is privilege to have a long standing working relationship with SC. They are big guys in managing but still act like partners.

SC와 경쟁관계에 있는 다른 업체들도 인도에 offshoring을 하지만, SC가 이상과 같이 third party organization들과 끈끈한 유대를 형성하여 이를 지속적으로 유지해 왔다는 점이 다른 경쟁사들 보다 경쟁력을 발휘하게 된 차별성(Inimitability)이라는 평가이다. 특히 우호적 협조관계를 유지하는 데에는 친밀감과 신뢰를 주어야 한다는 상식이 대단히 중요함을 다시 확인 할 수 있는 일화이다.

우리나라 사람들의 매너나 사고방식이 좀 더 세련되어야 하겠다는 점에서 위의 사례는 글로벌 시대를 살아가야 하는 우리들에게 시사하는 바 없지 않다. 연전에 만났던 어느 인도 IT업체 경영자에게 한국 기업과의 거래 경험에 대한 견해를 물어 본 적이 있다. 대답은 한국 사람들과의 거래는 쉽지 않았는데 그 이유는 "이 일은 6개월 내에 무조건 완료 되어야 합니다. … 이유여하를 막론하고 이 조건은 반드시 지켜져야 합니다"라고 일방적으로 제시하면서 고압적으로 상대방을 대하는 자세를 그 예로 들었다. 인도 사람들을 무시하는 한국 사람들의 태도가 문제를 일으키고 고위층간의 협상에서는 의전상의 실수로 더러는 중요한 일을 그르치는 일도 없지 않았던 모양이다.

IT 및 ITES의 2005년도 세계 총생산액은 1조 4천 1백억 달러였고 그 중 인도의 생산량은 282억 달러로 인도 세계 시장 점유율은 2%로 그렇게 큰 것은 아니다. 그중 수출액은 179억 달러였는데 그 대부분이 미국시장에 판매되었다. 인도의 대 한국 수출은 총 수출액의 0.2%, 일본이 3%, 중국이 0.1%였다.

한국의 수입액이 그처럼 적은 것은 어디에 연유하는 것일까. 삼성과 LG는 인도 현지에 연구소를 두고 자체 해결을 하고, 한국 정부의 전산화 사업은 미국 IBM사에 발주했던 것으로 알려져 있다. 한국의 인건비 수준을 생각하면 아웃소싱은 필요할 것으로 보인다. 특히 소프트웨어 부문에서는 인도가 강력한 경쟁력을 갖고 있으니 우리도 여기에 의존하는 것이 비용을 절감하는 방법이 아닐까. 보다 세련된 마음가짐과 더불어, 인도에 아웃소싱을 하는 미국기업에 발주를 하는 간접적인 관계보다는 인도에 직접 접근할 필요는 없는 것일까.

<그림 4-4> A Success Case of Utilizing Indian Talent

⋯→ : Indicates weak link between two organizations

→ : Indicates strong link between two organizations

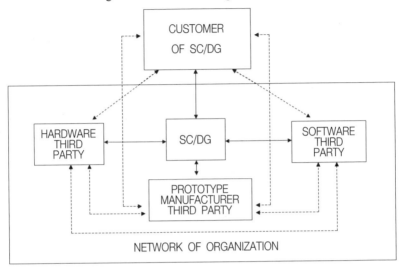

제5장
인도 경제의 잠재력과 한국의 진출

1. 잠재력과 취약점

먼저 잠재력부터 살펴보기로 하자. 외환위기가 계기가 되어 시장경제 체제로 전환한 이후에는 저성장율의 별칭이었던 힌두 성장률(Hindu rate of growth)을 극복하였다는데서 계획경제 체제의 비능률성은 입증된 셈이며, 나태 비능률 무질서 등의 특성이 인도인의 타고난 기질에 연유한다기보다 통제경제라는 도덕적 해이를 유발하는 사회제도에서 조성되었다는 점을 확인할 수 있다. 인도국내의 여러 지역 중에서 정부의 경제개입이 감소하여 경쟁에 바로 노출된 지역은 높은 성장률을 이룩했다는 사실에서도 이는 더욱 분명해 진다. 대표적인 도시로서 방가로르, 하이드라바드, 첸나이, 푸네 등이 있고 그 역의 예로서는 동북부 아쌈과 벵갈 지역 그리고 옛 명성에 비해 많이 낙후된 콜카타(옛 칼카타)를 들 수 있을 것이다.

인도 경제의 잠재력에 관해서는 연전에 골드만 삭스가 내놓은 보고서 "The BRICs and Global Markets: Crude, Cars and Capital"이 많은 시사점을 던지고 있다. 이 보고서는 향후 10년 이내에 BRICs의 중산층

콜카타(옛 캘카타)의 중심거리

West Bengal주는 좌파정권이 오래도록 집권해 오면서 도시보다는
농촌에 더욱 많은 배려를 해 왔다. 도시 모습이 옛 그대로 남아 있어
변화를 별로 느낄 수 없다. (사진제공; CASKNU)

인구가 8억을 넘어섬으로써 미국 유럽 일본의 인구를 모두 합한 숫자
보다 더 많아 질 것이며, 수년 내에 개인 소득 3,000불을 넘어서는 인
구가 2배로 증가할 것이라는 내용을 담고 있다.[1] 지난 2003년 골드만
삭스는 향후 30년 이내에 세계의 경제력이 중국, 미국, 인도의 순으로
바뀔 것이라는 예측을 내 놓기도 했었다.

〈표 5-1〉 인도의 주요 경제지표 (단위 : %, 억 달러)

	1998/99	1999/00	2000/01	2001/02	2002/03	2003/04
경제성장률	6.5	6.1	4.0	5.4	4.4	8.2
명목GDP	3,800	4,050	4,150	4,340	5,120	5,540
농업 비중	26.4	25.2	24.2	24.3	24.4	22.0
1인당 GDP	388	409	412	424	485	538
수출 규모	343	375	449	449	524	754

---

1) 이 보고서에서는 연소득 3,000달러를 중산층으로 진입하는 분계점으로 본다.

수입 규모	475	554	593	576	614	617
경상수지	-40	-47	-26	14		
외환보유고	325	380	423	541	748	1,074
외채	976	983	991	973	105	

자료 : ABN-Amro, Asian Anchor 각호에서 작성.

〈표 5-2〉 주요 강대국의 경제지표 (2000년 기준)

(단위 : %, 억 달러)

	인구 (억 명)	GNP		1인당 GNP		평균 성장률 (1990-2000)
		시장환율	구매력평가	시장환율	구매력평가	
인도	10.2	4,548	23,750	450	2,340	6.0
중국	12.6	10,629	49,510	840	3,920	10.3
미국	2.8	96,015	96,015	34,100	34,100	3.5
러시아	1.5	2,410	11,650	1,660	8,010	-4.8
세계	60.6	444,590	444,590	5,170	7,410	2.7

자료 : 세계은행.

BRICs의 세계 성장률 상의 비중은 2003년의 20%에서 2025년에는 40%이상으로, 경제력 비중은 2004년의 10%에서 20년 이내에 20%로 신장될 것이며 그에 상응해서 자본시장의 규모도 확대될 것이라는 전망이다. 이에 따라 자동차 시장의 구매력도 15~20년 이내에 미국이 인도와 중국에 1위 자리를 내 놓을 것이라는 예측도 함께 곁들이고 있다.

골드만삭스 보고서는 세계적인 인구감소 추세 속에서 인도만이 유일하게 인구가 증가할 것이며 특히 젊은 노동인구(15~60세)의 크기에 있어서는 어느 나라도 뒤따르지 못할 것이라는 점을 매우 중요시하고 있다. 무엇보다도 성장률이 높게 나타나고 있는 곳들 즉 델리와 방갈로르는 말할 것도 없고 하이드라바드나 뭄바이, 첸나이 같은 도시에서는 성장에 따른 변화를 하루하루 피부로 느낄 수 있다. 그 변화 중에 두드러진 예는 불과 몇 년 전까지도 고물 자동차 진열장 같았던 도로에 이제는 깨끗한 신형 차들이 즐비하고 벤츠 등 고급 외제차들도 적지 않게 눈에 띈다는 점이다. 그리고 대도시와 그 주변에는 구멍가게 수준의 쇼핑가가 서구식 대규모 쇼핑 몰로 대체되어 가고 있는 변화도 급속한 성장을 대변해 주고 있다.

통계가 보여 주는 2007년도 1인당 소득은 830달러에 불과하지만 인도는 328만 7,600 평방km(남한의 33배)의 광활한 국토에 GDP 9,283억 달러(13위)의 대국 면모를 갖추고 있다. 대부분의 인도 국내 경제연구소에서는 구매력 기준으로 볼 때 5,000~6,000달러 소득자이면 중산층으로 간주할 수 있다고 판단하며 그 인구가 2004년에 약 14% 정도라고 파악한다. KOTRA는 최근 급성장을 하고 있는 첸나이에는 연 10만 달러 이상의 소득자만도 100만 명을 넘어섰다고 추산하고 있다. 뿐만 아니라 연소득 증가율이 30~40% 이상 되는 IT 기술자들 중에 연 5~6만 달러 소득자들도 적지 않게 생겨나고 있는 것이다.

맥킨지(McKinsey)사의 분석에 따르면 일인당 연간 가처분 소득이 5,000~25,000달러인 계층을 중산층으로 규정하고 이 인구가 2007년 현재 인구의 5%인 5,000만 명 정도 된다고 파악하고 있다. 2025년경에는 41%인 5억 8,300만 명으로 늘어날 것으로 전망하며 4억 명 정도의 인도 도시 거주자들이 안락한 표준 생활자의 범주에 속하게 될 것이라고 말했다. 이 새로운 도시 중산층의 엄청난 규모는 기업들이 주목할 수밖에 없는 시장이다. 이러한 추세가 궁극적으로 업체들에게 의미하는 바는 예상 기간 동안에 자동차에 소비되는 금액이 평균복합성장률 12%로 성장하며, 통신은 13.5%, TV/비디오는 10.5%, 대형 가전기기들은 10%, 소형 가전기기들은 8.8%, 그리고 의료장비 부문은 6.6%로 성장하게 되리라는 것이다.

<표 5-3>에서 보는 것처럼 2001년 이후부터는 무역량이 급성장을 하고 있고, SW 중심의 아웃소싱 수출확대를 말해주던 슬로건 "Served From India"에서 한걸음 더 나아가 이제는 자동차 원예 공예 신발 등

제조업 부문으로 그 영역을 확대해 가려는 노력을 기울이고 있으며 이미 상당한 성과를 올리고 있다.

IT와 더불어 인도 경제의 또 하나 강점으로서는 BT를 이야기 할 수 있다. 키란 마줌다르라는 여걸이 이끌고 있는 바이오 콘은 아시아 1위, 세계 16위이며 란박시(Ranbaxy) 닥터레디(DrReddy) 글렌마크 등은 그 대표적인 기업들이다. 인도 바이오 테크 업체의 강점으로는 광범한 인재 풀, 저렴한 원가 그리고 우수한 임상실험기술이 지적되고 있다.

성장 잠재력을 읽을 수 있는 또 하나의 자료는 이동전화의 보급률이다. 2003년 말 인도의 이동전화 보급대수는 2,615만 대였는데 이는 98년 120만 대에서 연 평균 85.5%가 증가한 것이었다. 중국은 이 기간에 연 평균 62.3% 증가하여 2,386만 대에서 2억 6,900만 대로 증가했다.[2] 외신의 표현대로 인도 경제 상황이 만개된 단계에 까지는 아닐지라도 개화기(not boom but bloom)에는 이미 도달한 것 같다.

〈표 5-3〉 인도의 무역 (단위 : 10조 달러)

	1990	1995	2000	2001	2002	2003	2008
세 계	3,388	5,161	6,445	6,191	6,455	7,274	9,284
인 도	18.1	30.6	42.4	43.3	49.3	55.0	139.3
비 중	0.5	0.6	0.7	0.7	0.8	0.8	1.5

자료 : World Trade Organization.

다음은 취약점에 관해서 보기로 한다. 인도의 성장은 IT산업의 발전에 힘입은바 크다고 볼 수 있는데, 그 영역은 마치 먼 섬나라(isolated enclave)처럼 대다수 국민들과는 동떨어진 성격 때문에 국민 위화감을 자극하는 면이 없지 않고 또 그 특성상 성장률에 상응하는 고용의 증대가 뒤따르지 않는(jobless growth) 약점을 갖고 있다.

40%를 상회하는 문맹율도 커다란 숙제이다. 여전히 취학 연령 어린

---

2) 인도의 동아시아 경제협력, 삼성경제연구소 Global Issues(2004.9.20, 제4호), p.8.

이의 20% 이상이 취학을 않고 있고 신생아 1,000명당 70명이 1년 이내에 사망하는 것으로 파악되고 있다. 과거 계획경제 시대의 유물로 좌파 지식인들이 이외로 많아 이들은 지금도 자급자족경제, 반(反)세계화와 외국기업 배척, 반(反)시장 여론을 만들어 내고 있어 성장을 더디게 하고 있다.

인도에 진출을 하려는 외국기업들에게 제일 부담스러운 점은 정부기관의 과도한 규제이다. 개방이 된 후 20년 가까이 세월이 흘러 이제 많이 나아졌다고는 하지만 지난날 통제경제의 유습이 말끔히 없어지지는 않고 있고 공무원들의 고자세 불친절 불성실 무성의 그리고 부패 등은 외국 기업들을 심하게 괴롭힌다. 은행도 까다로운 규칙과 관료적 운영 때문에 불편을 줄 때가 많다. 얼마 전까지도 은행의 개점 시간이 오전 10시 30분부터 오후 2시까지 3시간 30분간이어서 역시 불편을 주었는데, 최근 외국계 은행이 많이 진출함에 따라 개점시간도 연장하고 ATM 서비스는 24시간 가동하는 등 개선이 이루어졌다.

이와 함께 주정부 등 정부기관들 조차도 불리한 경우에는 약속을 지키지 않는 등 신뢰도에도 상당한 틈이 있다. 그리고 부지를 매입하는 경우 토지거래 제도가 매우 복잡하여 역시 상상 밖의 시간과 노력을 투입해야 한다.

다음으로는 열악한 인프라 환경이다. 2004년 10월에 인도특집(Eye on India)을 방송한 CNN에서는 물부족, 전력부족, 도로사정 등을 두고 재앙(disaster)이라고 까지 표현했다. 2004년 4월의 총선에서 승리한 국민회의당은 진보적 군소정당들과 제휴하여 만든 UPA(United Progressive Alliance)로써 정부를 구성했는데, 공산당 등 진보 정당들은 노동자 농민을 위한 정책을 펴라는 주장을 하면서 민영화 등 종래의 경제 개혁에 반대 목소리를 내어 열악한 환경들의 개선을 가로 막기도 했다.

이미 일부 주에서는 농촌 보조금 확대,3) 전기 무료화 등을 실시하

---

3) 이러한 보조금은 실제로 가난한 농민에게는 별로 도움이 되지 않고 지주나 부

Jabra Barrage의 갈수기 모습

여기는 POSCO India에서 사용할 물을 공급받기로 계약된 곳. 공장의
건설이 끝나면, 철광을 채굴할 Banspani지역과 석탄을 채굴할
Talcher지역 등에서 자원을 공장으로 운반해 와서 가공할 것이다.
이곳에는 마하나디 강이 흐르는데 수질문제 등 고려해야 할 일들이
많다. 상류에 Dam을 건설할 필요가 있다. (사진제공; CASKNU)

여 가뜩이나 부족한 전력의 낭비를 부추기고 또 농업 생산성 증대를
방해하는 일들이 일어나고 있다.

조세제도도 친기업적이지는 않다. 법인세 판매세 등의 부담비율
은 꽤 높은 편이어서 법인세의 경우 인도기업은 35%+2.5% 부과금으
로 35.875%이고 외국기업은 40%+2.5% 부과금으로 41%이다. 계획경제
가 실시되던 과거에는 법인세가 최고 97.75%였던 때도 있었다. 이런
모순적 조세구조는 오히려 기업들에게 절세를 위한 갖은 편법을 찾도
록 강요한 셈이 되어 면허왕국(License Raj)이 면제왕국(Exemption Raj)
로 변했다는 풍자가 회자되기도 했다.

인도정부의 적자재정 역시 중요한 취약점 중의 하나이다. 표 6에서

유한 농민들에게만 혜택을 준다.

보듯이 1998년 이후부터 정부 부채는 GDP의 10% 내외수준을 유지해
왔으며 그 절대적 비율이 중앙정부 몫이다.

과다한 지출에도 원인이 있지만 구조적 모순으로 증대돼야 할 만큼
증대되지 않는 수입에도 원인이 있다는 진단이다.[4] 그리고 정부 지출
의 43%가 이자, 공무원 봉급, 연금, 국방비, 보조금 등으로 쓰여 열악
한 인프라 개선에 할당 될 여지가 크지 않은 것이다.

〈표 5-4〉 산업부문별 GDP 생산비중 비교 (2002년 기준)

	농 업	공 업	(제조업)	서비스업
인 도	22.7	26.6	(15.6)	50.7
중 국	14.5	51.7	(44.5)	33.7

자료 : World Bank, World Development Indicator 2004.

마지막으로 노동시장의 특수성이다. 피고용인이 100명 이상 되는
기업은 폐업을 할 때 정부의 허가를 얻어야 하고 해고를 하고자 할 때
는 3개월 전에 당사자에게 알려야 한다. 해고 당사자가 이를 받아들일
수 없다고 생각할 때는 법원에 제소 할 수 있다. 그리고 경제특별지구
이외에는 계약노동을 법률로서 금지하고 있다. 이런 이유로 소기업에
서 중기업으로의 성장이 억제되고 있는 것도 특징이라면 특징이다.

2. 한 · 인(韓 · 印)관계 진전과 한국기업의 성과

1962년 4월 24일에 남북한이 동시에 인도와 총영사 관계를 맺었다.
북한은 그 3~4년 전에 무역대표부를 두어 직원들을 파견하고 있었으
며, 소련과 가까운 인도 정부를 설득하여 한국보다 먼저 총영사관을
설치하려고 하였으나 인도 정부는 등거리 외교원칙을 고수하여 동시

---

4) India's Shining hopes, op. cit, after 52 page, p.18.

개설이 이루어지게 되었다.

양국의 국교는 1973년 12월에 대사 급 외교관계로 발전하였고 1977년도에 공관건물을 짓기 시작하여 약 2년 걸려서 완공을 보았다. 1974년에 문화협력협정이 체결되었고 1997년 1월에는 한국 총영사관 뭄바이 분관이 문을 열었다. 한편 인도 정부는 한국이 뉴델리에 총영사관을 설치했던 1962년 보다 훨씬 뒤인 1968년 10월에 서울 총영사관을 개설하였다.

1962년 4월 뉴델리에 한국 총영사관이 설치되고, 1973년 12월에 대사급 외교 관계로 발전하는 외에 무역이 확대되면서 양국 간의 교류는 크게 진전되어 왔다. 1993년 9월에는 당시 인도의 라오 총리가 방한을 하였고, 1995년 7월에는 라지브 간디 전 총리의 미망인 소니아 간디(Sonia Gandhi) 여사가 한국을 방문했다. 그리고 1996년 2월에는 한국의 국가 원수로서는 처음으로 김영삼 대통령이 인도를 방문했고 2004년에는 노무현 대통령이 방문을 하는 등, 정부 고위층의 상호 방문도 잦아지는 추세이다.

중국은 오래전 등소평의 개혁으로 일찍부터 FDI 등 외국자본을 적극 도입하여 오늘의 성장을 이루어 냈지만, 인도는 외환위기를 맞기 전 까지는 폐쇄경제의 빗장을 풀지 않았기 때문에 <표 5-5>에서 보듯이 FDI의 유치 실적이 크지는 않다. 그러나 근년의 변화는 상당히 급속할 뿐 아니라 중국 경제특구를 모델로 하여 경제특별구역(SEZ)을 지정하고 또 여러 유인책을 부여하는 등, 인도 정부가 외국인 투자유치를 위한 노력을 기울이고 있어 투자대상으로서의 잠재력 역시 매우 크다.

인도에는 1990년대 중반부터 대우자동차 삼성전자 LG전자 현대자동차 등 대기업들이 진출하였으며, 1991~2003년 6월 사이의 인도 내 국가별 FDI 투자순위에서 인도정부 승인액 기준으로 한국이 26.46억 불을 기록하여 미국 모리셔스 영국 일본에 이어 5위로 나타났다. 이중 대우자동차의 투자액이 약 10억 달러로 큰 비중을 차지하고 있었으나 대우그룹의 해체와 국내 대우자동차의 해외매각 등의 여파로 대우자동차 인도 공장은 매우 어려운 상황에 처하게 되었다. 엎친 데 덮친 격으로 대우전력(Dae Woo Power)의 발전설비 투자도 여의치 않아 상당한 손실을 보았다. KOTRA 자료에 따르면 시장점유율에 있어서도 한국이 2003년에 4.42%(일본은 3.44%)를 기록, 2000년의 14위에서 5위로 상승하는 신장세를 보이고 있다.

그런 한편으로 현대 자동차와 삼성전자 그리고 LG전자의 인도 투자는 대단히 성공적이어서, 우수한 품질과 뛰어난 A/S 등으로 인도시장을 석권하여 일본 소니와 함께 인도의 가전 제품시장 점유율 1, 2, 3위를 다투고 있다.

인도인들이 결혼할 때의 신부 지참금이 우리의 상상을 초월한다는 이야기는 앞에서 한 바 있지만 삼성과 LG 가전제품은 결혼을 앞둔 예비 신부들의 인기 예물 품목이다. 10여 년간 LG 전자 인도 법인장, 부사장으로 LG의 시장 점유율을 1위로 끌어 올리는데 기여를 한 김광로 부사장은 2008년 LG에서 퇴직 한 후에 인도의 가전업체 비디오 콘의 최고 경영자로 발탁되어 화제가 되기도 했다. TV광고에서는 결혼 예물을 상징하는 화면을 배경으로 가전제품들을 선전하고 있다. 2002년 9월에 개통된 델리 지하철 선로 위를 달리고 있는 전동차도 한국산이고, 지하철 구간 확장 공사 역시 삼성건설이 하고 있다.

한국 기업의 진출 상황을 좀 더 상세히 보기로 하자. 델리 북쪽 근교의 위성 도시 노이다에 자리 잡고 있는 LG전자는 2004년 10월 6일, 뭄바이의 남쪽에 있는 공업 도시 푸네에서 CTV, 에어컨, 냉장고, 세탁기, 마이크로웨이브, 오븐, 컬러 모니터 등을 생산할 제2공장 준공식을 가졌다. 2010년 까지 2억 5천만 달러를 추가로 투자하여 100억 불 매출을 올리고 그 30%는 수출을 한다는 계획이다. 연구센터의 연구원 수도 2004년의 750명에서 1,500명으로 늘일 계획을 이 자리에서 발표했다. 노이다와 방가로르에 연구 센터를 두고 있는 삼성전자는 LG보다 몇 년 먼저 진출하였으나 가전제품 시장 점유율에서 LG보다 약간 뒤져 3위를 점하고 있다. 그러나 노이다 CTV 공장의 생산성이 세계 1위이며 컬러 폰 시장에서 2003년 7월의 4% 점유율로부터 1년 후에는 34%로 도약하는 급신장을 이루어 노키아(같은 기간에 65%에서 32%로 위축)를 추월했다는 자부심으로 MP3 등 디지털 제품에 주력하면서 선전하고 있다.

〈표 5-5〉 국가별 인도 FDI 정부승인액 및 실제유입액

(단위 : 100만 달러, %)

	승인액 기준				유입액 기준		
	국가	금액	비율		국가	금액	비율
1	미국	16,106.1	24.95	1	모리셔스	7,533.0	34.44
2	모리셔스	13.31	13.31	2	미국	3,573.3	16.08
3	영국	9.35	9.35	3	일본	1,724.7	7.76
4	일본	4.88	4.88	4	영국	1,463.7	6.59
5	한국	4.10	4.10	5	네덜란드	1,164.9	5.24
6	독일	3.96	3.96	6	독일	1,066.1	4.80
7	네덜란드	3.58	3.58	7	한국	650.0	2.92
8	호주	2.91	2.91	8	프랑스	611.0	2.75
9	프랑스	2.66	2.66	9	싱가폴	558.5	2.51
10	말레이시아	2.60	2.60	10	이탈리아	425.8	1.92

자료 : 주인도 한국대사관,『인도투자 및 플랜트수출 안내서』, 2003, 172쪽.

현대자동차는 점유율 20%로서 GM 포드 혼다 피아트 등 세계 유수의 기업들을 제치고 인도의 오랜 자동차 제조업체로서 일본 스즈끼와 제휴한 마루티에 이어 2위의 위치를 지키고 있으며, 2004년 현재의 20만 대 생산능력을 앞으로 25만 대로 늘일 계획으로 있다. 국내의 아토스와 같은 모델인 소형차 산트로(Santro)가 가장 인기를 끌고 있는데, 그리스, 이태리, 독일로 수출도 하고 있고 다임러크라이슬러는 이 모

첸나이에 있는 현대자동차 인도 공장

최근에 타밀 나두주의 투자 조건이 호전되자, 이웃 AP주가 외국기업에게
경쟁적으로 보다 좋은 조건을 제공하고 있다. 현대자동차의 연구소도
AP주 수도 하이드라바드로 옮기고 있다. (사진제공; CASKNU)

델에 닷지(Dodge)라는 그 회사 브랜드를 붙여 멕시코에 수출한다. 인도에는 시장점유율 1위인 마루티 외에도 최근 인디카라는 소형 모델을 개발하여 점유율을 높이고 있는 인도 대표적인 재벌 타타(Tata) 그룹의 타타 모터, 힌두스탄 모터, 프레미어 모터모빌, 마힌드라 등의 토착기업들이 있다. 마루티-스즈끼, 현대, 포드가 앞서 달리고 있는 가운데 타타, 혼다, 다임러크라이슬러, 토요타 등이 그 뒤를 추격하고 있는 형국을 그리고 있다.

그리고 포스코가 84억 달러를 투자 하여 오리사 주에 연간 1,000만 톤 생산능력의 제철소를 세우는 계획을 진행 중에 있는데, 이는 인도에 투자한 외국의 단일 기업으로서는 최대 규모이다. 지정된 부지의 매입을 두고 현지민들과 합의가 쉽게 이루어지지 않아 그 진행이 계획보다 지연되고 있다. 그 외에 두산중공업이 3억 7천만 달러를 투입 2004년 5월부터 화력발전소를 짓고 있고 쌍용이 제3고속도로를 건설 중이며 롯데도 진출했다.

가장 먼저 인도에 상륙했던 대우자동차는 트럭 제조업체 DCM의 토요타 지분을 매입하여 대우 자동차 인도법인을 창립하여 처음 씨에로 모델을 생산하였고 뒤이어 마티즈를 생산하여 급속히 시장점유율을 높여 갔으나 대우그룹의 해체와 함께 곤경에 빠지게 되었다. 그런 가운데서도 대우자동차의 이 두 모델이 여전히 소비자 만족도 10위 안에 들어가는 기록을 유지하고 있다.

인도의 가전시장을 보면, 필립스 월풀 등 서구 기업들이 대체로 평균성적을 유지하고 있는 가운데 한국기업이 일본 업체들을 제압하면서 도약하고 있는 형국이다. 일본 기업들이 재기를 위한 노력을 하고 있지만 한국기업을 따라 잡기에는 이미 늦은 것으로 현지 전문가들은 분석하고 있다.

이상과 같은 성공적 실적 중에서도 LG와 삼성이 소니 히타치 파나소닉과 같은 굴지의 일본 기업들을 꺾고 450억 달러 규모의 가전시장, 그것도 만만치 않은 시장조건과 낮은 노동생산성 열악한 인프라 관료들의 비협조 등 보통 어려운 환경이 아닌 조건 속에서 인도시장을 석권하게 된 것은 "마케팅 교과서를 다시 써야 한다(LG Electronics and Samsumg have re-defined every rule in the marketing book)"고 할 정도로 현지인들에게 매우 인상적인 결과로 받아들여지고 있다.[5] 중소기업이 인도에 진출하여 성공한 사례로서 잘 알려진 것은 대륭 밸브가 있다. 산업용 특수 밸브와 가습기를 생산하는 업체로 약 10년 전에 진출하여 현지 여건에 맞는 경영을 통해 착실한 성장을 해 왔으며 2003년도에 191만 달러 수출실적을 올렸다.[6]

이런 한국기업의 성공사례는 종종 현지 언론에 보도되는데,[7] 참고

---

5) The Times of India, Oct. 26, 2004.
6) 대한무역투자진흥공사, 국내외 자료 브리핑(성공적 BRICs 시장개척을 위해서는 시장특성에 맞는 치밀한 진출 전략 필요), 2004.7.7.
7) 대표적으로 2003년 9월 15일자의 인도 최대 경제 주간지 Business World에 커버스토리로 'THE KOREANS'라는 제목으로 게재된 것을 들 수 있다.

로 2004년 10월 26일자 The Times of India에 게재된 한국 기업관련 기사를 다음에 인용한다.

> 한국이 인도시장에서 성공적 성과를 올리고 있는 비결은 무엇인가? 한국인들은 인도 시장처럼 복잡하기 짝이 없는 조건에도 거기에 꼭 맞는 맞춤형과 같은 전략을 구사한다. … 그들은 가격결정, 과감한 생산 및 기술 투자, 유통채널과 보급문제에 대하여 종교적이라 해야 할 만큼의 열정적인 자세로 임한다. 그리고 대량판매 대상의 저가(低價) 시장과 최고급 시장의 2개 시장 모두에서 양면 작전을 동시에 펴서 성과를 일구어 냈다. (What's secret behind the Korean success? "Strategies tailor-made for a complex market like India. … Koreans have religiously adhered to aggression on pricing, huge investment in technology and manufacturing, servicing trade channels and distribution, and straddling between the volume market and the top-end.")

물론 성공 사례만이 있는 것은 아니다. 자동차에서는 대성공을 거둔 현대그룹의 현대전자는 VCD 생산에 뛰어 들었으나 별다른 성과를 올리지 못했다. 앞서 언급되었듯이 라자스탄 주정부와 계약을 맺고 발전소 건설을 시도했던 대우전력(Dae Woo Power) 역시 대우전자와 함께 실패사례에 해당한다.

오토바이 생산을 위해 케네틱(Kenetic) 그룹과 제휴한 효성, 그리고 역시 오토바이 생산을 위해 LML과 제휴한 대림도 성공적 실적을 올리지 못한 사례이다.

중소기업의 진출도 점차 늘어나고 있는데, 기업이 진출할 때에는 인도의 상관습 등 현지 사정에 대한 각별한 사전대비가 필요하다. 도로 포장공사를 수주한 모 한국 중소업체의 실패 사례는 좋은 본보기가 될 것이다.

인도 정부는 고용 문제를 매우 중요시하여 중장비의 투입을 최대로

POSCO India의 사무실이 있는 건물
본래의 계획보다 제철소 건립이 늦어지고 있지만, 인도 현지의 특성을
감안하면 순탄하게 진행되고 있는 셈이다. (사진제공; CASKNU)

억제하는 정책을 채택하고 있다. 이런 현지 사정을 제대로 파악하지
않고 치밀하지 못한 계산으로 계약을 했다가 낭패를 본 것이다. 중장
비를 투입한다는 전제 아래 공사 기간을 계산하였으나, 현지의 법규정
에 묶여서 중장비를 투입하지 못하고 인적 노동력만으로 공사를 했으
니 계약한 공사기간을 못 지켰을 터이고 그러니 손실은 짐작하고도 남
는다.

한국과 인도 사이의 교역규모와 내용을 보면 2001년도에 25억
1,400만 달러이던 것이 2005년에 63억 9,100만 달러로 늘어났다(<표
5-6> 참조). 최대 수출품은 반도체, 통신기기이며 2위가 자동차 부품인
데 이곳에 진출한 한국기업들의 기업 간 무역의 비중이 크다. 수입은
광물성 연료와 면사 등 1차 산품이 주종을 이룬다.

더욱 가능성이 높은 부문은 플랜트 수출이다.[8] 1982~2002년간 플랜

---

8) 주인도 한국대사관,『인도 투자 및 플랜트 수출 안내서』, 2003, pp.118~119.

트 수주 총액은 52.7억 달러로서 그 기간 중의 총 실적 1,733억 달러의 3.0%이며 7위의 순위를 기록했다. 인도는 원유와 천연가스를 수입에 의존하고 있어 유조선과 LNG선 등의 발주가 많으며, 앞으로 성장이 가속화됨에 따라 현재 매우 열악한 도로 항만 전력 등 사회간접자본에 대한 수요의 증가율은 더욱 가속화 할 것이다.

그런데 과거 계획경제 시절의 국내기업 보호를 우선시하는 관습이 강하게 남아 있어 관세 및 비관세 장벽이 아직도 높을 뿐 아니라 통관 절차가 무척 까다롭고 무역제도도 복잡하며 반덤핑제소(2003년도 반덤 핑제소 79건, 미국은 35건)가 잦은 점 등 관치경제의 폐습이 상당한 부담이 된다.

IT산업을 포함하여 향후 인도와 한국의 경제협력관계는 장기적으로 보면 크게 확대될 것임에 틀림없다. 그 이유는 무엇보다도 인도가 가지고 있는 잠재력 때문이다. 인도는 세계 2위의 인구와 3억 명 이상의 중산층을 가진 거대시장이며, 풍부한 자원과 우수한 기술인력 및 저렴한 생산요소를 가지고 있다. 여기에 비교적 발달한 금융제도와 축적능력을 갖춘 사적 부문도 대인도 진출의 유리한 측면이다.

3. 대우전력 인도법인의 투자와 실패

▌IPP 사업의 성격

초기 한국 기업의 대인도 진출에서 대우의 발전 사업은 두드러진 실패사례이다. 대우그룹이 Daewoo Power India, LTD를 설립하여 50%의 지분을 가지고 주도적으로 참여한 "코르바 석탄화력발전소 프로젝트"는 인도정부가 의욕적으로 추진한 IPP(Independent Power Project) 사업의 일환이었다. 이렇게 기획되었기 때문에 사업의 성과에 따라서는 앞으로 전개될 인도의 사회간접자본 건설 투자 등에 한국기업의 참여

기회가 더욱 확대되는 등 한·인 경제협력의 중요한 전기가 될 수도 있는 사업이었다. 그러나 대우전력 현지법인의 사업계획은 실패로 끝났으며, 대우사와 인도정부는 사업비 14억\$의 2%에 해당하는 2,800만 달러의 보증금 반환을 놓고 지루한 법정 소송을 벌였다.

대우전력의 실패는 인도 진출을 기획하고 있는 많은 한국기업과 제3국 기업들에게 교훈을 주는 사례이다. 독립 이후 반세기에 걸친 계획경제·폐쇄경제체제의 관행은 여전히 광범위하게 상존하고 있어 인도 진출을 모색하는 외국기업들에게 중대한 애로사항이 되고 있다.

대우전력은 인도의 전력산업에 진출하기 위해 현지에 합작법인으로 설립한 기업이다. 대우가 인도의 전력산업부문에 투자결정을 하게 된 배경과 그 전후관계를 검토하기 위해서는 먼저 인도의 전력산업 현황과 독립전력사업계획(IPP : Independent Power Project)의 진행과정을 이해해야 할 필요가 있다. 앞에서도 간략히 서술한 것처럼 인도는 오랫동안 국가주도적인 계획경제체제를 유지하면서 전력을 비롯한 사회간접자본 부문은 정부 및 공기업이 독점적으로 담당해 왔다.

그러나 이들 공기업은 대부분 경영진의 관료주의적 태도, 노동자들의 근로의욕 부족, 그리고 경제적 효율성보다는 사회적 목표를 중시하는 정부의 정책 등으로 부실상태를 벗어나지 못하고 있었다. 전력의 예를 보면 기본적으로 발전능력 자체가 부족할 뿐만 아니라 송배전시설이 낙후되어 전력손실이 큼으로써 성수기에는 물론 비수기에도 항상적으로 전력부족상태에 처해있었다.[9]

이러한 상황을 타개하기 위해 인도정부는 1995년 적극적으로 외자도입을 통한 IPP계획을 추진하기로 결정하였다.[10] 이 계획의 핵심내용

---

9) 한 예로 2000/01년 전력부족률은 최고 13.0%에 이르렀으며, 에너지 부족률도 7.8%에 이르렀다(*Indian Infrastructure*, August, 2001).

10) IPP(Independent Power Project)는 1980년대 선진국에서 시작된 민자 방식의 발전사업으로서, 90년대 들어와서 중남미와 아시아 개발도상국들에서 크게 활성화 되었다. Project Financing의 대표적인 경우이다.

은 1996년부터 5년 동안 매년 10,000MW(1MW=10³KW), 총 50,000MW
의 발전능력을 증대시킨다는 것으로서, 이 가운데 3/4은 민간부문, 특
히 외국자본에 의해 건설하기로 하였다. 신경제정책 이후 인도정부는
경제성장에 따르는 연료 및 전력 부문의 수요증대에 대응하고자 1992
년부터 이들 부문에 외국기업 및 민간의 참여를 허용해 왔다. 특히 전
력산업의 경우 발전설비 및 자재에 대한 수입관세의 인하, 발전 개시
후 5년 동안의 소득세 면제, 외국자본의 100% 단독투자 인정, 외화 베
이스로 된 요금 산정 허용 등의 다양한 인센티브를 부여하여 외자유치
를 적극적으로 촉진하고자 하였던 것이다. 말하자면 IPP는 이러한 인
도정부의 정책과 노력이 집약된 사업이라고 할 수 있다. 인도정부의
의욕적인 사업계획은 대인도 진출을 모색하고 있던 많은 외국기업
들의 호응을 받았고, Enron,[11] National Power,[12] AES,[13] Cogentrix,[14]
InterGen,[15] PowerGen,[16] 그리고 대우전력 등이 이 계획에 참여하게 되

---

11) 천연가스, 전기, 통신 등에 관련된 제품 및 서비스를 중간판매업체에 제공하던
    기업. Enron Wholesale Service, Enron Broadband Service, Enron Energy Service,
    Enron Transportation Service 등의 자회사를 가지고 있었다. 이 계열사들을 통
    해 천연가스를 파이프라인으로 운송하고 미국 북서부 시장에 전기를 발전·송
    전·공급해 왔다. 또한 전 세계에 걸쳐 천연가스, 전기 등과 관련된 위험관리
    서비스 및 금융 서비스를 제공하고, 산업체나 상업시설 고객들에게 에너지 설
    비나 시설을 설치·운용하며, 폭 넓은 관리 서비스를 제공하기 위해 네트워크
    를 개발하기도 했다. 경영악화로 2001년 12월 법정관리를 신청했는데 이것은
    미국 역사상 최대 규모의 기업파산으로 기록되었으며, 이후 회계 상의 불법행
    위 등이 밝혀짐으로써 더 큰 충격을 주기도 하였다.
12) 통신, 컴퓨터, 전력 등의 부문에서 고객들에게 생산에 필요한 전자공학기술과
    서비스를 제공하는 기업.
13) 세계적 규모의 전력회사사로 2001년 1월 현재 약 153기 53GW의 발전설비용
    량을 가지고 있으며, 송전망의 길이는 92만 km에 이른다. 전 세계 1,700만 명
    의 소비자에게 연간 126,000GWh의 전력을 판매하고 있다.
14) 전력과 증기를 판매하는 회사. 미국에 25개의 발전설비를 가지고 있으며, 생산
    된 증기를 발전소 인근의 제조공장이나 시설들에 제공한다.
15) 세계적 규모의 전력회사. 15,940MW를 생산하는 20개의 전력사업소를 관리하
    고 있다. 미국, 영국, 필리핀, 콜롬비아, 멕시코, 중국, 이집트, 터키, 브라질, 오

었다.

그러나 출발에서 이처럼 의욕적이었던 인도의 IPP 계획은 그다지 만족스러운 성과를 거두지 못하고 말았다. 계획기간인 5년 동안 인도의 발전능력은 18,000MW 미만의 증대에 그쳤는데, 이것은 50,000MW 증대라는 계획의 40%에도 못 미치는 결과였다. 이 가운데 IPP에 의한 공헌은 대략 3,000MW였으며, 이것은 기대치의 1/5에서 1/10에 불과하였다. 그나마 700MW 이상을 생산하던 Enron사의 Dabhol 발전소가 철수함으로써 IPP 계획은 사실상 실패로 종지부를 찍은 셈이다.[17] National Power, AES, Congentrix, InterGen, PowerGen, 그리고 대우전력 등은 도중에 철수하였고, EdF[18]와 National Grid[19]는 발전 분야는 포기한 채 송전 및 배전 분야에만 투자를 계속하고 있었다. 인도의 "미성숙한 시장경제"의 문제점을 총체적으로 보여 준 것이 바로 IPP 사업이었다. 사업 관련자들이 이구동성으로 지적한 실패의 가장 근본적인 문제점은 정부정책의 일관성과 신뢰성의 부족, 행정담당자의 관료주의, 행정기구 및 금융기구의 경직성과 비효율성 등이었다.

▌대우전력의 사업내용과 진행과정

인도의 IPP 사업은 민간 및 외국기업의 투자에 의해 전력이 생산되면 각 주의 전력위원회(State Electricity Board : SEB)가 전력을 구매하는 형식이다. 따라서 각주의 전력 사정이나 주정부의 개발의지 등이

스트레일리아, 네덜란드, 스페인, 싱가포르 등에서 프로젝트를 추진하거나 발전설비를 건설 중이다.

16) 영국에 기반을 둔 전기공급회사. 전력회사와 가스회사가 통합되어 있다.

17) 740MW 규모의 발전용 댐인 다볼댐은 지난 1992년부터 건설을 시작, 약 30억 달러를 들여 완공됐으나 현재 가동되지 않고 있다. 다볼댐은 엔론의 해외투자 중 최대 규모로 엔론이 65%의 지분을 소유하고 있다.

18) Electricite de France. 프랑스의 국영전력회사

19) 영국에 기반을 둔 세계적 전력회사.

사업의 진행에 중요한 영향을 미친다. 대우전력이 발전소를 건립하기로 한 마드야 프라데시(Madhya Pradesh)는 인도의 중부에 위치한 주로 면적은 443,446㎢, 인구는 6천 7백만 명이며 주도는 보팔(Bhopal)이다. 면적으로는 인도의 주들 가운데 가장 크며 인구로는 우타르 프라데시(Uttar Pradesh, 약 1억 4천만 명), 마하라시타르(Maharshtar, 약 8천만 명), 웨스트 벵갈(West Bengal, 약 7천만 명), 안드라 프라데시(Andhra Pradesh, 약 6천 7백만 명) 다음으로 다섯 번째이다. 면적이 넓고 인구가 많은 데 비해 경제개발 정도는 낮아 1인당 소득은 2,000루피 이하이며, 극빈층의 비율이 약 40%에 이른다. 인구 1,000명당 유아사망률이 98명에 이르는 것에서 알 수 있듯이 사회경제적으로 매우 낙후된 지역가운데 하나이다. 이는 그만큼 개발 잠재력이 높은 지역 가운데 하나이기도 해 IPP 사업에 참여하고자 하는 많은 외국인 기업들의 주목을 받았다. 특히 마드야 프라데시에는 840MW의 발전능력을 가진 Korba West 등 13개의 기존 발전소가 있었으나, 전력부족률이 29.7%로 인도에서도 가장 전력난이 심각한 주이다. 이에 따라 주정부는 Korba West를 포함한 29개의 발전소를 IPP 또는 MPEB(Madhya Pradesh Electricity Board) 사업으로 건설하고자 추진하였다.

외국 기업의 대인도 투자는 대개 투자전 조사 → 사업거점의 설립 → 합작 파트너의 선정 → 입지선정 → 합작계약 → 외국인투자의 인가취득 → 회사설립 → 부동산 취득의 순으로 진행된다. 인도에 투자하고자 하는 외국인 기업들이 공통적으로 겪는 애로 가운데 하나는 투자승인 및 기업설립의 절차가 복잡하고 많은 시간이 소요된다는 점이다. 신경제정책 이후 인도정부도 외국인 투자에 대해 자동승인제를 실시하는 등 많은 개혁조치들을 추진해 왔으나 많은 투자자들은 여전히 절차상의 복잡함을 호소하고 있다. 대우전력의 경우에도 투자를 결정하고서 최종승인을 얻기까지 2년 이상이 소요되었다. 전력의 구매자는 주정부, 정확하게는 주(州)전력위원회지만 현지법인의 설립과 외자도입을 위해서는 중앙정부의 승인이 필요하여 이중의 절차를 거쳐야 하며, 기업활동 이외의 환경 승인이나 부지구입을 위해서도 별도 승인이 필요한 등의 까다로운 절차가 많다.

인도의 IPP 사업에 참여한 대우그룹의 투자 프로젝트의 정식 명칭은 "인도 코르바 석탄화력발전소 프로젝트"이다. 코르바(Korba)는 인도 중부 마드야 프라데시주의 동쪽 지역에 위치한다. 사업규모는 각각 535MW 발전능력을 갖춘 발전기 2기를 건설하는 것으로, 사업비용은 13억 2,100만 달러였다. 사업이 시작된 것은 1994년 12월 마드야 프라데시 주정부와 대우 사이에 양해각서(MOU)가 체결되면서부터이다.

〈표 5-6〉 대우전력 인도법인의 주요 인허가 사정 및 절차

1994. 10	마드야 프라데시주 정부와 (주)대우 사이에 MOU체결
1995. 1	현지법인 대우전력 India Ltd 설립
1995. 9	MPEB와 PPA 체결
1996. 4	중앙정부 환경부로부터 Site Clearance 획득
1996. 12	중앙정부 CEA로부터 Techno-Economic Clearance 획득
1997. 1	중앙정부 FIPB로부터 투자승인 획득
1997. 4	중앙정부 환경부로부터 환경승인 획득
1997. 8	중앙정부 재무부로부터 외자도입승인 획득
1998. 7	부지 구입을 위한 Forest Clearance 획득
1998. 8	중앙정부 FIRB로부터 투자승인 변경
1998. 9	South Eastern Coalfield Ltd(Coal India Ltd의 자회사)와 석탄공급계약 체결
1998. 10	South Eastern Rail(Indian Rail의 지역회사)와 석탄수송계약을 위한 주요 사항에 합의
1998. 11	마드야 프라데시 주정부와 용수계약서(안) 합의

자료 : Daewoo Power India Ltd.

이리하여 1995년 9월에, 생산된 전기의 구매자 격인 마드야 프라데시 주 전력위원회(MPEB)와 전력구매조약(Power Purchase Agreement : PPA)을 체결하였다.[20] 그리고 1997년 1월에는 외국인투자촉진위원회

(Foreign Investment Promotion Board: FIPB)로부터 투자승인을 받았다. 애초의 투자계획은 대우전력이 100%의 지분을 보유하는 것이었으나 1998년 8월 대우전력과 ABB Energy Ventures Ltd[21])가 각각 50%씩을 투자하는 것으로 FIPB의 변경승인을 받았다. 사업에 필요한 총비용 13억 2,100만 달러 가운데 4억 달러는 대우사가 자기지분으로 직접조달하기로 했으며, 약 2억 7,400만 달러는 인도 내 금융기관들로부터, 6억 7,400만 달러는 해외 금융기관들로부터 차입하기로 하였다. 이를 위해 대우전력은 1997년 11월 IDBI와 SBI를 포함한 7개 은행으로부터 2억 7,500만 달러에 해당하는 현지화의 차입을 승인받았으며, ABB Structured Finance와 EximBank 등 해외금융기관들로부터도 외자차입을 위한 예비 승인을 받았다.

1997년 말까지 사업의 진행은 행정절차의 복잡함 등으로 인해 진행속도가 느리기는 했으나 비교적 순조로웠고, 대우전력이 갑자기 사업을 포기할 만한 요인은 눈에 띄지 않았다. 그러나 1997년 말 한국에서 외환위기가 발생했고, 1998년 8월 대우전력이 지분 50%를 포기하면서 차질이 빚어지기 시작하였다. 여기에 MPEB와의 마찰과 일련의 소송사태 등이 일어났으며, 2000년 8월 24일에는 대우전력과 ABB Energy Ventures가 코르바 석탄화력발전소 프로젝트를 포기한다는 선언을 하기에 이르렀던 것이다.

---

20) MPEB와의 전력구매계약의 주요내용은 전량을 MPEB가 구매하며, 대금은 발전소 현지화로 지급하는 것으로 되어 있다. 전력대금은 Cost+Fee 방식으로 산출하는데, 구체적으로는 "Fixed Cost×(Dependable Capacity/Assumed Initial Normative Capacity)+Fuel Cost+Incentive Cost"와 같다.
21) 스위스와 스웨덴에 기반을 둔 다국적기업 ABB(Asea Brown Bovery)의 에너지 분야 자회사. 대우전력의 EPC(Engineering, Procurement, Construction) 계약회사였다가 공동투자자로 참여하게 되었다.

▌실패의 원인

현지의 전문가들과 사업관계자들은 대우전력이 사업을 포기하게 된 직접적인 요인에 대해 크게 세 가지 정도로 지적하고 있다. 첫째는 합작파트너의 금융조달능력의 부족이다. 당초에는 대우사가 100% 지분의 단독투자 승인 받았으나 1998년 8월 ABB와 50대 50의 비율로 공동투자하는 것으로 외국인투자촉진위원회의 투자변경 승인을 얻었다.

〈표 5-7〉 Korba 석탄화력발전소 사업의 개요

사업명	인도 코르바 선탄화력발전소 프로젝트
사업비	1,321(100만 US$)
용량	2×535MW
위치	인도 Madhya Pradesh주 Korba 지역
사업형태	Build-Own-Operate 방식의 투자사업
운영기간	완공 후 30년간 전력판매
현지법인명	Daewoo Power India, Limited (1995.1.20. 설립, 대우사 50%, ABB 50% 합작)
전력구매자	마드야 프라데시 주 전력위원회 (Madhya Pradesh Electricity Board)
공사기간	1호기 : 41개월 2호기 : 47개월

자료 : Daewoo Power India, Ltd.

대우가 계획을 수정한 것은 1997년 말 한국경제를 덮친 회환위기의 영향이라고 알려져 있다. 외환위기로 기업 전체의 자금조달에 애로가 생기자 대우는 이미 코르바 프로젝트의 EPC 계약자로 사업에 참여하고 있었고 금융부문에서도 계열사를 가지고 있는 ABB프로젝트의 공동투자자로 참여시키게 되었다. 그러나 ABB 측의 자금조달이 기대만큼 이루어지지 못함에 따라 보증을 제공하기 전에 자금조달을 완료할 것을 요구한 마드야 프라데시주 전력위원회와 마찰을 빚게 되었던 것이다.

두 번째는 MPEB의 지불보증을 둘러싼 소송 등으로 인한 사업의 지연과 차질이다. 당초 MPEB는 IPP 사업에 참여하는 외국기업들에게 조건부 지불보증(escrow)을 제공하기로 약속하였다. 그러나 사업 초기부터 많은 금융전문가들은 MPEB가 보증해야 할 사업 규모는 8,000MW에 달하는데 반해 MPEB의 재정능력 등을 감한할 때 보증가능한도는 2,000MW에 불과하다는 점을 지적하였다. 이에 대해 초기에는 위험 가능성을 부정하던 MPEB도 막상 사업이 진행되자 문제를 인식하기 시작한 것으로 보인다. 1997년 12월 MPEB는 대우전력의 Korba East(1,070MW), Power Gen의 Bina(500MW), GBL Power의 Narsinghpur (166MW), Kumar의 Maheshwar(400MW), Pench Power(500MW), STI Power (374MW) 등 6개 사업 약 3,000MW에 대해서만 보증을 제공한다고 발표하였다. 그러나 이러한 MPEB의 정책 변경에 대해 다른 IPP 사업자들이 항의를 제기하자 1998년 7월 MPEB는 다시 입장을 바꿔 6개 사업에 보증을 제공한다는 기존의 계획을 백지화하고 모든 사업에 대해 단위비용이 낮은 사업 순위로 보증을 제공하기로 하고, 모든 사업자들에 대해 8월 중순까지 비용에 관한 보고서를 제출할 것을 요구하였다. 그러나 이러한 정책변경은 다시 MPEB로부터 보증을 약속 받았던 사업자들의 반발을 불렀고, 이들이 소송을 제기함에 따라 지루한 재판이 시작되었던 것이다. 2000년 4월 인도 대법원인 대우전력의 Korba East를 비롯해, Bina, Maheshwar, STI 등 4개 사업에 대해 MPEB가 애초에 약속한 대로 보증을 제공할 것을 판결하였으며, Pench Power에 대해서만 비용 산출의 모호함을 이유로 보증을 거절하였다. 최종판결은 사업자들에게 유리한 것이었지만 2년여에 걸친 시간과 비용 부담은 사업자들로 하여금 사업을 계속할 가능성에 대한 회의를 갖게 하기에 충분한 것이었다.

대우전력이 사업을 포기하게 된 마지막이자 가장 직접적인 원인은 MPEB가 정책적 비일관성과 무책임한 자세를 노출시켰을 뿐만 아니라 사업자들과의 사이에 심각한 갈등을 일으켰기 때문이었다. 문제는 여기서 끝난 것이 아니었다. 대법원의 판결에 따르면 MPEB는 2,341 MW의 사업에 대해 조건부 보증을 제공해야 했으나 당시 MPEB의 보증능력은 900MW에 불과하였다. 결국 MPEB는 Maheshwar에 400MW의 보증을 제공한 반면 Korba East에 대해서는 보증을 거부하였다. MPEB의 요구는 보증을 제공하기 이전에 대우전력이 자금조달을 완료하라는 것이었다. 그러나 MPEB의 보증 없이 자금을 제공할 투자자를 찾는다는 것은 사실상 불가능한 일이었다. 사태가 이에 이르자 2000년 8월 대우전력은 결국 사업을 포기할 수밖에 없었던 것이다.

두 번째와 세 번째 요인은 서로 무관하지 않은 것으로서, 결국 대우전력이 사업을 포기하기에 이르도록 만든 것은 조건부 지불보증의 문제에 대한 MPEB의 정책적 비일관성과 재정적 미비라고 할 수 있다. 더욱 심각한 것은 이러한 사태가 비단 MPEB만의 문제가 아니라 거의 무든 주정부 및 주전력위원회(SEB)들에 공통된 문제라는 점이다. 이것이 의욕적으로 추진되었던 인도의 IPP 사업을 실패로 끝나게 했던 결정적인 요인이다

■ 대우전력의 실패를 통해 본 문제점

인도의 IPP 사업이 실패할 수밖에 없었던 요인들과 인도의 투자환경이 가지고 있는 문제점들을 대우전력 및 유사한 사례들을 중심으로 살펴보자. IPP 사업에 투자한 많은 외국인기업의 관계자들이 공통적으로 지적하는 문제점은 오랫동안 유지되어 온 혼합경제체제와 계획경제정책으로 인한 인도의 정책 및 행정체계의 비효율성이다.

첫째는 정책의 일관성 결여와 느려터진 행정절차이다. 대우전력의 경우에서도 보았지만 중앙정부 및 주정부의 일관성 없는 정책과 혼란스러운 결정들은 많은 사업자들을 당황스럽게 만들기에 충분하였다.

많은 투자자들은 인도정부가 예고 없이 정책우선순위를 변성시키는데 매우 혼란스러워하였다. 이에 대해 SEB의 한 공무원은 "갑자기 정부가 대규모 프로젝트를 발표했기 때문에 더 작은 프로젝트들은 뒷전이 되어 버렸고, SEB는 더 싼 전력을 약속한 대규모 프로젝트를 기다리기로 했다"[22]고 고백하였다. 질질 끄는 행정절차도 많은 사업자들로 하여금 그들의 계획을 포기하게 만든 주요한 요인이 되었다. 투자자들은 개방경제정책 이후 수년이 지난 뒤에도 '신종승인대상사업(fast track project)'들이 시행되고 있지 않다는 점을 지적하고 있다. 대우전력의 경우에도 MPEB의 일관성 없는 정책에서 비롯된 재판 사태로 거의 2년에 걸쳐 사업의 지연을 겪었으며, EdF의 경우에도 행정절차의 지연으로 몇 가지 중요한 계약을 체결하지 못함으로써 결국 철수하고 말았다.[23] 이러한 예들에서 보듯이 많은 투자자들은 사업을 중단하기로 결정한 이유가 "극도로 느린 승인과정과 원료공급계약 및 그 밖의 요인들로 인한 자본비용의 압박"때문이라며, "수익률뿐만 아니라 일관된 정책, 신속하고 명확한 처리 등을 통해 신뢰성이 확보되지 않는 한 투자를 계속할 수 없었다"[24]고 지적하였다.

둘째는 공무원들의 관료주의적 행태와 특권의식이다. 현지의 전문가들은 "인도에서 발전소 건설에 성공하기 위해 필수적인 것은 인도

---

22) *Power Line*, August 2000.

23) IPP 계획에 따라 발전소를 건립하기 위해서는 SEB와 전력구매계약(PPA)을 체결해야 할 뿐만 아니라 원료가 어디로부터 공급될 것인가를 명기한 석탄공급계약(SCA) 등을 미리 체결하지 않으면 안 되었다. 그런데 마하라시트라 주전력위원회(MSEB)가 EdF에 할당한 탄광에 대해 중앙정부는 군수품 공장이 가까이 있다는 이유로 승인을 거부하였다. 새롭게 할당된 탄광은 40km나 떨어져 있는데다가 석탄가격도 지나치게 높았다. 주정부가 원료공급 및 조건부보증의 제공을 지연시키자 EdF는 발전 부문은 포기한 채 배전 및 송전 분야에만 투자를 지속할 것이라고 밝혔다. EdF는 Cogentrix, Essar Power 등과 함께 느리기 짝이 없는 행정절차 때문에 사업을 포기한 대표적인 사례로 꼽힌다(*Power Line*, July 2000).

24) *Power Line*, August 2000.

관료의 고압적인 태도와 협상하는 방법을 아는 것"[25]이라고 지적하였다. IPP 계획에 참여한 한 외국인 투자자도 인도의 관료들에 대해 "인도의 관료들은 인도정부가 우리를 초청하여 일을 위탁하는 경우 당연히 자기가 해야 할 자신의 업무를 수행할 때조차도 마치 우리에게 은혜를 베푸는 듯이 한다"고 회고하였다.[26] 관료들의 이러한 모습이 비단 인도에만 국한된 일은 아니겠지만, 인도의 경우에는 오랫동안 유지되어 온 계획경제체제의 유산으로 인해 관료들에게 지나치게 많은 권한이 주어져 있고, 관료들은 그러한 권한을 자의적으로 행사하는 데 익숙해 있다는 것이다. 따라서 관료들의 특권의식을 잘못 건드리게 되면 인도에서 사업을 지속하기가 어려워진다는 게 정평이다.

마지막으로 중앙정부 및 주정부 특히 SEB의 재정능력의 부족이다. 이미 본 것처럼 대우전력의 경우에도 사실상 MPEB가 재정능력의 한계로 지불보증을 거부한 것이 사업을 중단하게 된 가장 직접적이고 결정적인 원인이었다. 그런데 이러한 보증거부사태는 MPEB에서만 일어난 것이 아니었다. 마드야 프라데시 주 이외에 타밀 나두, 카르나타카, 우타르 프라데시 등에서 유사한 보증거부사태가 일어났으며, Enron의 Dabbhol II, PPN Power, Kondapalli, Shree Maheshwara, Korchi 등이 모두 이와 관련된 이유로 사업을 중단하였다.

대부분의 SEB는 주정부의 보조금 없이는 적자를 면할 수 없는 실정이었으며, 이러한 상태로 보증을 했다는 것은 형식적 요건을 갖춘 것일 뿐 실질적인 효력은 뒤따르지 않았던 것이다. 재정 상태가 이토록 악화된 이유는 무엇인가에 대해 한 관계자는 "그들은 충분한 전력을 생산하지 못했기 때문이 아니라 적당한 요금을 청구하지 못했거나 그보다 더 적게 징수했기 때문에 재정상태가 악화된 것이다"[27]라고 지

---

25) *Power Line*, October 1998.
26) *Power Line*, October 1998.
27) *Power Line*, September 1998.

적하였다. 물론 여기에는 유가상승 등의 문제로 인해 생산 비용이 예상보다 높아진 것도 한 이유가 된다. 그러나 그보다 더 중요한 것은 전기를 포함한 공공재에 대한 인도정부와 국민들의 사고방식이다. 독립 이후 인도는 경제적 효율성보다는 평등이나 사회정의와 같은 복합적인 목표들을 동시에 추구해 왔다. 이 때문에 인도에서는 정부관료나 소비자들 모두가 무조건 공공재는 싸야 한다는 고정관념을 가지고 있다는 것이다. OERC(Orissa Electricity Regulatory Commission)의 의장인 S. C. Mahalik도 이 점을 지적했는데, 그에 따르면 "전기요금은 오랜 전통을 가지고 있다. 많은 사람들은 이러한 상품에 대하여 비용을 지불하려는 생각을 하지 않는다"[28]고 한다. 따라서 대부분의 주에서 전기요금은 그 생산비용에 미치지 못했을 뿐 아니라 심지어는 그것조차도 제대로 징수되지 못했다. 마하라스트라주의 경우에는 누전에 의해 생산된 전력의 1/3 이상이 손실되었음에도 주정부와 전력위원회(MSEB)는 아무런 대책도 세우지 않았다는 것이다.[29]

막대한 규모의 재정적자는 MPEB만의 문제가 아니라 인도의 중앙정부와 주정부 모두의 문제이며, 또한 독립 이후 인도경제에서 가장 어려운 숙제 가운데 하나이다. 1990년대 초반 인도의 외환위기를 초래한 직접적인 원인도 이러한 재정적자에서 비롯된 것이었다. 더욱 심각한 문제는 인도의 재정적자가 대부분 경제개발이나 인프라스트럭처의 건설 등에서 나온 것이 아니라 공기업의 부실에 따른 적자보전이나 농촌에 대한 보조금 지급 등에서 비롯되었다는 점이다. 요컨대 대우전력의 사례나 다른 IPP 사업의 실패를 가져온 보증불이행 사태의 배후에는 이러한 비합리적 환경이 있었던 것이다.

---

28) *Indian Infrastructure*, September 2001.
29) *Power Line*, September 2001.

인도 속의 한국 · 한국인

■ 자와할랄 네루 대학교와 델리대학교의 한국학 프로그램

자와할랄 네루대학교(JNU)는 인도 독립 후 대학원 대학으로 설립된 인도의 명문으로 석박사 과정의 총 재학생수는 약 4천 명 정도이다. 국가의 간성이 될 동량을 육성한다는 취지 아래 설립되어 거의 무료에 가까운 등록금 외에도 장학금 및 기숙사를 제공하는 등 학생들에게 파격적인 특전이 주어지고 있다. 인도학생들에게는 학기 당 등록금이 120루피(약 3,600원)에서 180루피(약 5,400원)에 지나지 않는다. 참고로 외국 학생은 인문계 미화 6백 달러, 자연계 7백 달러를 납부한다.

이처럼 많은 투자를 하여 길러낸 이 대학 졸업생들의 최대 희망은 국가 공무원 채용고시(IAS)에 합격하는 것. 우리나라 서울의 신림동 고시촌을 연상케 하는 현상이다. 그러나 매년 약 20만 명이 응시하는 각종 국가고시의 합격자는 600여 명에 불과하여 바늘구멍을 통과하는 격인데, 일단 합격하면 모든 것이 보장되다시피 한다.

과거 친소노선을 걷던 정치성향 등의 영향으로 인도의 많은 명문대생들은 진보적 사고를 하는 편이다. 네루대에서 언젠가 기숙사의 사감 교수가 반기라는 천민출신 청소담당에게 차별성 언행을 한 사실이 학

생들에게 알려져 이 교수를 탄핵하는 거센 시위가 일어나 경찰이 동원되기도 한 적이 있었다.

이 대학에는 한국학 과정과 5년제의 한국어 과정이 설치되어 있다. 한국학 과정은 1972년 크리슈난 교수에 의해 창설되었고, 한국어 과정은 1976년에 한국 정부가 파견한 동국대 서경수 교수의 노력에 의해 1년 과정(Certificate of Proficiency in Korean Language)으로 시작하여 1977년에 2년 과정(Diploma in Korean Language)으로 되었다가 1983년에는 1년 과정으로 되돌아갔다.

네루대의 바이자얀티(VyJayanti) 교수와 부산외국어대학의 로이(Alok Roy) 교수는 모두 이 과정 출신이다. 바이자얀티 교수는 이 과정을 거친 후 1977년부터 1981년까지 서울대 국사학과에 유학, 「1894년 동학란과 1875년 세포이 난의 사회경제적 고찰」이라는 논문으로 석사학위를 받은 후 모교로 돌아가 교수가 되었다.

네루대학교는 대학원 중심대학으로 학부과정이 없으나 어학계열에 한해서 5년제 과정(5 year integrated MA course)을 두고 있는데, 1년 과정으로 되돌아갔던 한국어 과정이 1995년에 5년 과정(학부 3년과 대학원 과정 2년)으로 확장되어 2000년에 첫 졸업생 8명을 배출했다. 이 중 1명(Ravikesh)은 2002년도에 모교의 조교수로 임용되었고, 2명은 한국 정부의 장학금을 얻어 서울에서 박사과정을 이수하고 있으며, 나머지는 대부분 삼성 등 한국기업에 자리를 얻어 일하고 있다.

1990년 이후부터 한국에 대한 관심이 높아지고 지망 학생 수도 증가하여 주(駐)인도 한국 대사관이 한국정부에 요청, 미화 45만 달러의 예산을 확보함으로써 한국어과정 개설이 실현되었던 것이다.

소련에 우호적이었던 인도 외교정책과 사회주의 형 계획경제 노선의 영향 때문이었겠지만, 네루대의 한국어 과정도 처음에는 북한과 더 우호적인 분위기 속에서 운영되었다. 그러다 교육부의 지원을 받아 동국대의 서경수 교수가 1976년에 교환교수로 파견되어 수년간 한국어

강의를 맡은 후부터서는 그 분위기가 반전되었고, 그 후 여러 명의 교환교수가 한국으로부터 파견되어 이 과정의 정착에 일익을 담당했으며 현재 델리대학교에 재직하고 있는 김도영 교수의 역할이 컸다.

일본어 학과를 설립하는데 커다란 역할을 한 버르마 교수는 코리아펀드 설립에도 동참하였는데, 네루대의 일본어 학과장을 오랫동안 역임하면서 인도와 일본 간의 문화교류에 기여한 공로로 일본 천황의 훈장을 받았으며, 퇴임 후 뉴델리 시내에 일본어 학교를 설립, 운영하고 있다. 현재 한국어 과정은 독립학과로 까지 발전하지 못하고 일본어과에 통합되어 있는데 빨리 독립학과로 성장하기를 기대한다.

이런 여건에서도 한국기업 또는 미국계 다국적 기업들의 한국관련 부서에 이 과정에서 닦은 한국어를 무기로 아주 좋은 대우와 조건으로 취업하는 졸업생들이 점차 늘어가고 있다.

2002년에는 델리대학교에도 한국학 과정이 개설되어 2003년부터 석사과정 및 한국어 프로그램에 학생을 모집했다. 델리대는 학생 20만명에 교수만 1만 명이 넘는 메머드 대학인데, 종래의 '일본 중국어학과'가 한국 국제 교류재단의 지원을 얻어 한국학 프로그램을 추가, '동아시아학과'로 확대 개편한 것이다.

▌아유타(아요디아)국 현지에 가야국과의 교류 기념비

2001년 3월 6일 델리에서 동쪽으로 약 500㎞ 정도 떨어진 우타르프라데시(Uttar Pradesh) 주 파이자바드 지역(Faizabad District)의 아요디아(Ayodhya)시에서는 한국으로부터 건너온 김봉호 가락중앙 종친회 회장과 김해 김씨 문중 대표 100여 명이 참석한 가운데 가야국 김수로왕의 왕비였던 허황옥 기념비 제막식이 있었다. 허황옥이 기원 48년에 인도의 아유타국(阿踰陀國)으로부터 한반도 남쪽의 가락국으로 와서 가야왕 김수로와 혼인하였다고 하는 삼국유사의 기록은 우리 모두 잘 알고 있는 사실이다.

삼국유사에 따르면 김수로왕은 16세의 인도 신부를 맞아 해로했으며 왕은 158세에, 왕후는 157세에 세상을 떠났다고 적고 있다. 왕후 허황옥의 출신지 아유타국은 아요디아로 추정되어 왔는데, 이를 기념하여 1999년에 김해시와 아요디아시가 자매결연을 맺었고, 2001년 3월에는 김종필 당시 국무총리의 후원에 힘입어 기념비 제막식에까지 이르게 되었던 것이다.

허왕비의 도래를 역사적 사실로 주장하고 있는 역사학자들이 제시하고 있는 근거는 김해 김수로 왕릉 대문에 그려져 있는 한 쌍의 물고기 문양(雙漁紋)이다. 이 쌍어문은 인도에서 유래한 것으로 유추되며, 아요디아 근방에서는 지금도 그 흔적을 볼 수 있다.

앞서 여러 차례 언급되었듯이 아요디아는 마하 바라타와 함께 인도의 대표적 고전 서사시의 하나인 라마야나(Ramayana, 라마 이야기)의 주 무대로서 오늘날 주요 힌두성지로 되어 있는 곳이다.

라마야나는 라마 왕자가 악마의 왕 라마야나에 의해 랑카(오늘날의 스리랑카)로 유괴된 아내 시타를 정글 짐승 무리 대장인 원숭이 하누만의 도움을 받아서 구해 낸다는 이야기로 우리나라의 춘향전이나 홍길동전 등에 비견할 수 있는 고전인데, 악마로 비유되는 드라비다 토착민을 남쪽으로 몰아낸 아리안족의 정복과 승리를 예찬하는 것으로 풀이되는 서사시이다.

그리고 기원전부터 그 옆에 흐르는 얄루강을 타고 멀리 아랍 지역과도 교역을 하는 무역선이 드나들었다고 하는 오래된 도시이며, 지금도 우기에는 얄루강의 수량이 풍부하다.

김해시 당국은 지역의 역사적 특성을 살린다는 취지에서 아요디아 왕손의 후손인 미시라(Mishira)의 영주 부부와 아요디아가 속해 있는 파아자바드 구(district) 행정관 그리고 그 지역 출신 상하원 의원 8명을 초청하여 이 역사적 사실을 알리는 한편 김해 김씨 종친회(회장 김봉호)의 협조를 구하여 양 도시간의 자매결연을 추진하였던 것이다.

■ 정토재단이 설립한 수자타 아카데미

젊은이들, 그것도 연약한 젊은 여성들의 힘으로 인도 전국에서 가장 험악한 지역으로 손꼽히는 비하르(Bihar) 주 내의 천민집단 거주지 둥게스와리에 한국인의 얼이 뿌리를 내리고 있다. 그들은 석가가 출가하여 6년간 고행을 했다고 하는 전정각산(前正覺山) 바로 밑에 수자타(Sujata) 아카데미라는 학교를 설립하여 배움의 필요성조차 느끼지 못하고 생활하는 달리뜨들의 자녀들에게 초 중등 과정 교육을 실시하고 있으며 또 한국에서 보내온 모금과 국제기관으로부터 지원 받은 자금으로 그 학교 바로 옆에 병원도 건립했다.

수자타 아카데미가 설립되게 된 데에는 다음과 같은 내력이 있다고 한다. 약 십수 년 전 불교 조직의 하나인 정토재단의 법륜 스님(당시까지는 승적을 취득하지 않았음)과 부산대학교 김용환(불교철학 전공) 교수 일행이 학생들을 인솔하여 인도의 불교 유적지를 순례했다.

그때까지만 해도 소수의 사람들만이 다녀갔을 뿐, 인도는 한국 사람들에게 생소한 나라였다. 현지에 도착한 방문단 일행은 간단한 간담회를 가지고, 소매치기 당하지 않도록 주의할 것과 걸인에게는 1루피 이상은 주지 않는다는 등 몇 가지 조심할 사항을 점검했다.

둥게스와리 근처 모텔에 든 어느 날 저녁이었다. 이 근처에는 석가가 전정각산에서 고행을 중단하고 부다가야(석가가 각을 얻은 곳)로 향해 가다가 강가에서 정신을 잃었을 때, 이를 발견한 수자타라는 젊은 여인이 유미죽을 끓여 바쳐서 정신을 차리게 했다는 유적지인 수자타 동산이 있어 이곳에 들렀던 것이다. 잠깐 밖에 나갔다 모텔로 돌아오는 법륜 스님에게 눈이 퀭한 어린 아이를 안은 젊은 엄마가 다가와 구걸을 했다.

간담회에서 서로 다짐한대로 1루피를 주었더니, 옆 가게의 우유를 가리키며 50루피 가량 하는 우유를 사달라고 하더라는 것이다. 동냥하는 사람이 너무 많이 요구한다는 생각이 들어서 그 손을 뿌리치고는 모텔로 돌아왔는데, 방에서 우유 값을 한국 돈으로 환산해 보니 1,500원 정도밖에 안되었다. 명색이 수행자가 되어 가지고 그 적은 돈이 아까워 배고픈 애기를 안은 엄마를 외면했구나 하는 자책감이 들어서 황급히 밖으로 나가 그 여인을 찾았으나 이미 어디론가 사라져 버리고 없었다. 다음 날 아침에도 혹시 만날까 그 주위를 맴돌며 찾아보았지만 허사였다.

"수행자로서 그간 나는 참 잘못 살아 왔었구나" 하는 후회와 반성을 하며 모텔로 되돌아 온 법륜 스님은 "내가 이번 일로 크게 빚을 지게 되었다. 오늘 진 이 빚을 천 배 만 배로 갚겠다"는 다짐을 했던 것이 이 사업을 하게 된 계기였다는 것이다.

그 날 저녁 남은 여정에 꼭 필요한 도구만 남기고 나머지 가져온 물건은 모두 현지 사람에게 나눠주기로 마음먹었다. 그러나 짐을 챙기면서 소유물에 대한 애착과 미련을 말끔히 버리지 못하고 "두고 갈까 가져갈까" 망설이는 자신을 발견하고는 무소유의 각오를 다지고 또 다졌다고 한다.

귀국 후 헌금을 모으고 또 뜻 있는 젊은이들의 자원봉사 신청을 받아서 현지로 파견, 지금과 같은 그런 버젓한 학교를 탄생시키게 된 것이다.

학교이름을 '수자타 아카데미'라 붙인 것은 길가에 쓰러져 의식을 잃었던 석가를 살려낸 수자타가 그 인근에 살았다는 사실을 기리기 위해서였다.

열악한 환경, 주위의 몰이해, 풍부하지 않은 자금사정 등 갖가지 고난을 무릅쓴 자원봉사자들이 헌신적으로 노력한 보람으로 1995년에 학교가 문을 열었다. 달리뜨 당사자들의 몰이해와, 이들이 문맹을 벗어나는 것을 달갑게 생각하지 않는 상위 카스트의 집요한 훼방, 느려 터진 인도 관공서의 행정처리 등도 어려운 여건들이었지만, 이곳은 치안상태가 인도에서 가장 나쁜 곳이라 일하기가 몹시 힘들었다고 한다.

학교가 문을 연 후에도 수차례 강도를 당하고, 운영책임을 맡고 있는 선주법사는 복면을 하고 권총을 든 괴한에게 납치될 번한 일도 있었다고 하니, 이들의 고충은 미루어 짐작할 만하다. 2002년 1월에는 이 사업을 돕던 50대의 한국인 자원봉사자가 밤에 침입한 괴한이 쏜 산탄에 가슴을 맞아 생명을 잃은 사고가 있었다.

험악한 비하르를 풍자하는 우스갯소리가 있다. 카슈미르의 영유권을 둘러싼 갈등으로 50여 년간 중단 없는 전쟁상태로 대치하고 있는 인도와 파키스탄 양국의 정상이 마주 앉았다.

-인도 총리 : "이제 더 이상 싸우는 데에도 지쳤으니 카슈미르를 파키스탄에 넘겨주겠소. 그러나 한 가지 조건이 있소. 비하르 주도 함께 가져가시오."

-파키스탄 대통령 : "고맙지만 그런 조건이라면 우리도 거절하겠소."

다음은 또 하나의 풍자이다.

일본 총리가 인도를 방문하여 비하르에 들렀다. 무법천지 현장을 둘러 본 일본 총리가 비하르 주지사에게 제의를 했다.

"비하르를 일본에게 맡겨 주십시오. 3년 내에 일본으로 바꾸어 놓겠습니다."

이 제의를 받은 비하르 주지사는 다음과 같이 화답했다.

"아니 일본을 비하르에 맡겨 주십시오. 그러면 3개월 이내에 일본을 비하르처럼 만들어 드리겠습니다."

이곳 수자타 아카데미를 들르는 한국 방문객들이 이곳에서 어렵게 생활하는 봉사자들에게 고생한다고 격려의 말이라도 던지면 "내가 좋아서 하는 일이니 고생이랄 것은 없지요"라고 대답한다.

이 수자타 아카데미를 통한 교육사업은 한국과 인도간 문화협력의 좋은 본보기가 되어 있으며, 주(駐)인도 대사관에서도 필요한 협조를 아끼지 않고 있다. 이 사업을 시작한 법륜 스님은 사회사업가적 활동 가이기도 하여 북한 난민 약 2만 명을 구출하는 등 탈북자 구출에 적극적으로 나서고 있으며, 전재로 폐허가 된 아프가니스탄의 난민을 지속적으로 도우기 위한 노력도 진행하고 있다.

▌5개의 한국 사찰

인도의 불교 유적지에는 5개의 한국 사찰이 있다. 네팔 영토 내에 있는 석가 탄생지 룸비니의 석가사까지 합하면 6개의 한국 사찰들이 불교 유적지 곳곳에 자리 잡고 있다.

가장 먼저 건립된 사찰은 부다가야 보리수 밑에서 깨달음을 얻은 부처님께서 최초로 설법을 했다는 사리나트 인근에 있는 녹야원이다. 도웅 스님이 설립한 사찰로 1990년경에 한국불교협회(Hanguc Buddhist Society)를 조직하여 부지 매입문제를 풀었고, 그런 이듬해에 현원(玄原) 비구니 스님과 함께 불당을 세우는 불사를 시작했다. 그러나 건립 자금이 충분하지 않았고, 절의 위치가 외진 곳이어서 순례 차 인도를 방문하는 한국 신도들에게서도 기대만큼의 성금이 답지하지 않아 완공될 때까지 기간이 오래 걸렸다. 이 지역의 중국 일본 티베트 절들에 비해 규모도 훨씬 작은 건물로 지어졌다.

두 번째 지어진 사찰은 석가가 열반한 쿠시나가라에 성관 스님이 설립한 대한사이고, 다음에는 월우 스님이 부다가야에 고려사를 창건했다. 2001년도에는 경남 양산시 동면 내송리에 있는 금강정사의 대인 스님이 양산의 사찰과 같은 이름의 금강정사를 쉬라바스티에 창건하였다. 금강정사는 35세에 깨달음을 얻은 부처님이 80세까지 45년간 설법과 교화사업을 가장 많이 펼쳤던 사위국의 기원정사 부근에 자리잡고 있다.

카시미르 근처에 위치한 라다크 주의 수도 레(Leh)에는 대청보사와, 한국 원불교 재단의 지원을 받는 '원불교 협회' 레 지부가 있다. 스리랑카인과 인도인 신자들이 힘을 합쳐 결성한 원불교 단체로 '큰 깨달음'이라는 뜻의 '마하보디 협회(대각회)'가 인도 전역에 조직되어 있는데, 그 중 레 지역의 지부는 한국과 이런 인연을 맺고 있다.

▌델리의 한인(韓人) 교회

인도에서는 기독교 세력이 약하다. 그중에서도 개신교의 교세는 더욱 약하고 목사는 인도사회에서 존경받지 못하고 있다. 천주교는 역사가 오래고, 주교 등 신부들의 학력이 높을 뿐 아니라 신부들 중에는 교육자들이 적지 않아 사회적 인식이 높은 편이다. 이에 반해 낮은 카스트 출신으로서 카스트의 장벽을 피해 개종한 신도들이 기독교인의 대부분이고, 이들의 자제들이 신학교를 나와 목사 신분을 취득하기 때문에 그 사회적 대우가 신통치 않은 것이다.

인도 땅에서 시작된 한인교회의 역사는 씽(Singh)이라는 가난한 인도 목사의 활동에서 비롯되었다. 그는 한국에서 교회의 도움을 받아 신학 공부를 마쳤고, 한국 여성과 결혼했다.

목사가 되어 인도로 돌아온 씽은 뉴델리에서 한국 교민들을 상대로 처음에는 교회건물도 없이 목회활동을 시작하였다. 1990년대에 들어 한국기업들이 인도로 진출하기 시작하면서 교민들의 숫자가 늘어나자 씽 목사는 인도교회를 빌어서 예배를 보기도 하고, 영국학교의 강당을 빌어 예배장소로 사용하기도 하였다.

교민 신자가 증가하면서 교회의 수입이 늘고 그의 일과도 바빠졌다. 한국 왕래가 잦아지고, 또 델리 근처에 학교를 세우는 등 활동이 늘어나 혼자 감당하기 힘들어지자 한국에서 목사를 초빙했다. 언어장벽으로 인해 그의 설교가 신도들을 만족시키지 못했던 것도 한국인 목사를 초빙하게 된 원인의 하나였다. 이것이 계기가 되어 뉴델리의 한인 교회는 두 개로 늘어났다. 씽목사의 베델교회와 김광선 목사가 운영하는 엠마누엘(Bethel) 교회 2개 교회가 한인 기독교 신자들에게 안식처를 제공하고 있다.

▮ 민간 외교관 금강 식당

2001년 3월, 한국 음식점 금강(金江)이 어렵게 허가를 취득하여 사우스(South) 델리 지역에 문을 열었다가 2002년 6월에 뉴델리 중심가에 이는 아쇼카(Ashok) 호텔로 이전하여 영업을 하고 있다. 음식점 개업을 위해서는 취득해야 하는 면허(license) 종류가 14종이나 되는가 하면 허가를 취득하는 절차도 까다롭고 복잡할 뿐만 아니라 소지한 면허를 매년 갱신해야 하는 등 번거로움이 커서 그런지 면허 없이 영업을 하는 한국음식점들이 많다(이런 사정으로 다른 음식점들을 지면에 공개적으로 소개 못하는 점을 유감으로 생각한다).

금강식당을 경영하고 있는 박용수·이미란 부부는 스리랑카의 켈라니아(Kelaniya) 대학에서 불교학을 공부하다 만나서 결혼을 한 사이다. 2000년 여름에 인도여행을 하던 중 델리를 소개하는 각종 관광 안내 자료에 한국 음식점이 하나도 없다는 사실을 발견하고 개업을 결심한 것이 금강식당을 열게 된 동기였다고 한다.

기후 언어 관습 등의 차이 때문에 인도에서 영업을 하며 살아간다는 것이 쉽지 않다. 그러나 이들 부부는 스리랑카에서 7년이라는 짧지 않은 유학 생활을 하면서 터득한 이 지역에 대한 문화적 이해를 바탕으로 하여 어지간히 독특한 인도의 현지사정에 빠르게 적응하여 이제는 델리의 한국 음식 명소로 되어 있다.

안주인 이 여사는 재(在) 인도 외국인 부인 사교모임인 '인도 인터내셔널 위민스 클럽' 및 '델리 네트워크'의 회원으로 참가하여 한국의 요리와 고유 의상, 한국 다도(茶道), 제사상 차리는 법 등 한국 알리기 활동, 특히 김치 소개에 적극적이다. 요즈음 김치가 세계적 식품으로 자리 잡아 가면서 김치에 관한 강연요청이 꽤 잦다고 한다. 한국에서 요리사를 초빙하여 식당 일을 전담시킬 수 있게 되면, 자신은 '한국문화센터'와 같은 기구를 만들어 한국의 문화와 우리 고유의 음식을 각국 외교관 부인을 비롯한 세계의 여성들에게 소개하는 일에 전념하고 싶다는 포부를 가지고 있다.

2001년 12월 30~31일 양일간에는 일본항공(JAL)이 운영하는 닛꼬호텔 내의 일본식당에서 '한일(韓日) 음식축제(Food Festival)'를 주최하여 김치, 불고기, 쇠고기 바비큐, 오징어 볶음, 해물파전, 잡채, 시락국, 떡, 약과 등을 선보여 좋은 반응을 얻은 이후 간헐적으로 행사를 가져왔다. 김치는 배추김치와 백김치 오이김치 세 가지를 내놓았는데, 세계적 식품답게 많은 참가자들의 관심을 끄는 등 민간 외교관 역할도 톡톡히 하고 있다.

아무도 아는 사람 없이 이 척박한 땅 인도에 이만큼 뿌리를 내리기까지 많은 곡절을 겪은 듯 인도에 진출하려는 계획이 있다면 다음과 같은 사항에 각별히 주의해야 할 것이라는 심경을 털어놓았다.

①돌다리도 두들기듯 하는 신중한 자세로 임하라 – 현지 사정과 영어에 어지간히 자신이 있어도 변호사와 회계사의 도움 없이 비즈니스 개업을 시도해서는 안 된다.

②그 사업의 내용을 훤히 꿰고 있지 못하면 인도에서 사업할 생각을 단념하라 – 현지 파트너에 의존해야 하는 부분이 많은 업종이라면 그 사업은 시작하지 않는 편이 좋다.

③태산이 무너져도 참고 견딜 만큼 대단한 인내를 가져야 한다 – 조금이라도 조급한 마음을 먹으면 실수하기 십상이다. 각종 인허가, 물품 통관 수속을 밟아야 할 때 그 특유의 늑장 처리에 애간장을 태워야 하는 고통도 이겨 낼 각오가 필요하다.

〈부 록〉

참고 문헌

對外經濟政策硏究院, 『印度便覽』, 1996.

박종수, 「인도 재벌 형성의 역사적 배경 및 특성에 관한 연구」, 『경제학논집』 제5권 제1호, 한국국민경제학회, 1996.

박종수, 「인도의 경제 동향과 전망」, 『지역경제』제6권 제5호, 대외경제정책연 구원, 1997.

박종수, 『인도경제의 이해』, 경상대학교 출판부, 1998.

박종수·김용환·백좌흠·이상진, 「인도의 식민지화와 독립후 사회경제구조 변화」, 『지역연구』권2, 서울대학교 지역종합연구소, 1993.

박종수·이옥순·장상환, 「인도의 독점재벌 형성과 경제력 집중」, 『서남아연 구』제1호, 한국외국어대학교 서남아연구소, 1996.

박지향, 『제국주의』, 서울대학교 출판부, 2000,

盤固志 편, 『印度의 傳統과 變化』, 현음사, 1988.

송민선, 「인도의 소프트웨어 산업」, LG경제연구원, 2001.

송하율, 「인도 소프트웨어산업의 발전동인과 시사점」, 산업연구원, 1998.

신광하, 「인도의 신경제정책에 따른 한국기업의 교역증진방안」, 『국제경제연 구』제1권 제1호, 1995.

이은구, 『IT혁명과 인도의 새로운 탄생』, 세창미디어, 2003.

이한상, 「인도 경제자유화과정과 향후 전망」, 『지역경제』제4권 제3호, 대외경 제정책연구원, 1995.

이한상, 「인도의 경제현황과 한국의 투자전망」, 『지역경제』제5권 제3호, 대외 경제정책연구원, 1996.

이한상, 「인도 경제발전과 사회적 여건」, 『지역경제』제6권 제4호, 대외경제정책연구원, 1997.

임덕순, 「인도의 과학기술체제와 정책」, 과학기술정책관리연구소, 1997.

임덕순, 「아시아 국가들의 과학기술인력 정책동향 및 시사점」, 『과학기술정책』 124호, 2000.

조준현, 「중국과 인도의 경제개혁 비교」, 『국제지역문제』제19권 제2호, 부산대학교 국제지역문제연구소, 2001.

조준현, 「인도 외환위기의 성격과 재정·공공부문 개혁」, 『국제지역문제』제20권 제1호, 부산대학교 국제지역문제연구소, 2002.

조충제, 「주요 선진국의 대인도 경제협력 현황과 우리나라의 경협방향」, 대외경제정책연구원, 1994.

조충제, 「주요 선진국의 대인도 경제협력 현황과 우리나라의 경협방향」, 대외경제정책연구원, 1994.

주명건, 『글로벌 경제와 뉴아시아』, 세종연구원, 1999.

한국외국어대학교 남아시아연구소, 『인도의 오늘』, 한국외국어대학교 출판부, 2002.

經濟企劃廳調査局, 『アジア經濟1999』, 東京, 大藏省印刷局, 1999.

石井昌司, 『アジア投資新事情』, 東京, 中央經濟社, 1996.

三稜總合硏究所, 『全豫測アジア1999』, 김경식 역, 『아시아경제의 논리』, 나남출판, 1999.

黑澤一晃, 『インド經濟槪説』, 東京, 中央經濟社, 1983.

Arora, A. and S. Athreye (2002), The Software Industry and India's Economic Development, *Information Economics and Policy*, 14, pp.253-273.

Avgerou, C. (1998), How can IT enable economic growth in developing countries? *Information Technology for Development*, 8, pp.15-28.

Balasubramanyam, V.N. and A. Balasubramanyam(1997), International trade in services: the case of Indias computer software, *The World Economy*, 20, pp.829-843.

Bajpai and Shastri, *Software Industry in India; A Case Study*, Harvard Institute for International Development, 1998.

Banerjee, A.V. and E. Duflo (2000), Reputation Effects and the Limits of Contracting: A Study of the Indian Software Industry, *Quarterly Journal of Economics*, 115 (3), pp.989-1017.

Bhatnagar, S. and R. Schware (2000), *Information and Communication Technology in Development: Cases from India*, Sage Publications, New Delhi.

CARE, CRS, USAID, GTZ, (2006), *Self-Help Group in India; a study on the lights and shades*, EDA Rural Systems Private LTD., P.99.

Clarkson, S. (1990), *The Soviet Theory of Development: India and the third world in Marxist-Leninist scholarship*, Toronto, University of Toronto Press.

Dutt, A. K. & Kim(1994), "Market miracle and state stagnation? The development experience of South Korea and India compared," *The State, Markets and Development*, Vermont, Edward Elgar.

Economist, (Jan. 18, 07)

Self-Help Group in India; a study on the lights and shades, a joint initiative of CARE, USAID, GTZ and Catholic Relief Services, 2006, P. 99)

Eischen, K.(2000), *National Legacies, Software Technology Clusters and Institutional Innovation: The Dichotomy of Regional Development in Andhra Pradesh, India*, University of California, Department of Sociology.

Ghosh, P. K.(1984) eds., *Developing South Asia: A Modernization Perspective, Westport*, Greenwood Press.

Government of India, *Economic Survey*, several issues.

Government of India, *Guide to Official Statistics 2000*, Oxford University Press.

Government of India, *Indian Infrastructure Report 2000*, Oxford University Press.

Government of India, *Indian Public Finance Statistics*, several issues.

Government of India. *National Accounts Statistics*, several issues.

Government of India, *Statistical Abstract India 2000*, Confederation of Indian Industry.

Government of India, *Statistical Yearbook*, several issues.

Government of India, *The Competitiveness Report*, several issues.

Gupta, P. (2000), "The Indian Software Industry," in Ravichandran ed., *Competition in Indian Industries, New Delhi*, Vikas Publishing House.

Heeks, R. (1996), *India's Software Industry: State Policy, Liberalisation and Industrial Development*, Sage Publications, New Delhi, Thousand Oaks and London

Heeks, R. (1998), The Uneven Profile of Indias Software Exports, IDPM Working Paper No.3, University of Manchester, October.

Jannuzi, F. T. (1994), *India's Persistent Dilemma: The Political Economy of Agrarian Reform*, Westview.

Joshi & Little (1994), *India: Macroeconomics and Political Economy 1964-1991*, Dehli, Oxford University Press.

Kumar, N. (2000), *Developing countries in the international division of labour in software and service industry: lessons from Indian experience.* Mimeo, Research and information System for Developing Countries, New Delhi.

Kumar, N. (2001), Indian Software Industry Development: International and National perspective, *Economic and Political Weekly*, November 10, pp.4278-4290.

Lal, D. (1988a), *The Hindu Equilibrium*, Oxford, Clarendon Press.

Lal, D. (1988b), "Ideology and Industrialization," Hughes, H. ed., *Achieving Industrialization in East Asia*, New Delhi, Oxford University Press.

Lal, D. (1999), *India in the World Economy*, New Delhi, Oxford University.

Lewis, J. P. (1995), *India's Political Economy: Governance and Reform*, Delhi, Oxford University Press.

Mody, Ashoka, and Carl Delhlman (1992), Performance and potential of information technology: an international perspective, *World Development*, 20 (12), 1992, pp.1703-1719.

Mohan, Dinesh. (1987), Science and Technology Policy in India: Implications for Quality of Education, in Ratna Gosh and Mathew Zachariah eds., *Education and the Process of Change*, New Delhi: Sage Publications, 1987, pp.125-153.

NASSCOM (2000), *Directory of Indian Software and Service Companies*, New Delhi

NASSCOM (2003), *The IT Industry in India: A Strategic Review, National Association of Software and Service Companies*, New Delhi.

NASSCOM-McKinsey (2002), *Report: Strategies to Achieve Indian IT Industries Aspiration*, National Association of Software and Service Companies, New Delhi.

O'Connor, David. (2003), *Of Flying Geeks and O-Rings: Locating Software and IT*

Services in Indias Economic Development, OECD Development Centre, March 2003.

OECD (2000), OECD Information Technology Outlook: ICTs, E-Commerce and the Information Economy, Paris.

Patibandla, M. and Petersen, B., (2002), "Role of Transnational Corporations in the Evolution of a High-Tech Industry: The Case of India's Software Industry," World Development, 30, 9, 1561-1577.

Prabhu, P. P. (1998). Promoting Technology Experts from India, Technology Experts October-December 1998.

Prakash, Brahm (2000), Information and Communication Technology in Developing Countries of Asia, Asian Development Outlook 2000 Update (ADB, 2000)

Quibria, M.G., and T.Tschang (2001), Information and Communication Technology and Poverty: An Asian Perspective, ADB Institute Working Paper Series No. 12, January.

Rao, C.N.R. (1989), On Frontiers of Science and Technology, in Amrik Singh and G D Sharms eds., Higher Education in India: The Institutional Context, New Delhi: Konark Publishers Pvt Ltd, pp.59-77.

Raza, Moonis (1991) ed., Higher Education in India: Retrospect and Prospect, New Delhi: Association of Indian Universities.

Reserve Bank of India, Annual Report, several issues.

Reserve Bank of India, Handbook of Statistics on Indian Economy, several issues.

Reserve Bank of India, Report on Currency and Finance, several issues.

Rohwer, J. (1995), Asia Rising, New York, Simon & Schuster.

Rudolph, Susanne Hoeber and Lloye I. Rudolph (1972) eds., Educaton and Politics in India: Studies in Organization, Society and Politics, Cambridge, Mass: Harvard University Press.

Sach, Jeffrey, Ashutosh Varshney and Nirupam Bajpai (1999) eds., India in the Era of Economic Reforms; A Political Economy, New Delhi, Oxford University Press.

Saraf, S.N. (1988), Higher Education and Five Year Plans: Policies, Plans and Perspectives, in Amrik Singh and G D Sharms eds., Higher Education in India: The Social Context, New Delhi: Konark Publishers Pvt Ltd., pp.265-286.

Saxenian, A. (2002). 'Transnational Communities and the Evolution of Global Production Networks: The Cases of Taiwan, China and India', forthcoming in *Industry and Innovation*, Special Issue on Global Production Networks, Fall, 2002.

Schware, R. (1995), Competing in Software in Advanced Technology Assessment System: Information Technology for Development, *Division on Science and Technology for Development*, Issue 10, UNCTAD, Autumn, Geneva.

Schware, Robert (1992), Software Industry Entry Strategies for Developing Countries: A Walking on Two Legs Proposition, *World Development*, Vol. 20, No. 2, pp.143-164.

Sethi, J. D. (1983), *The Crisis and Collapse of Higher Education in India*, Delhi: Vikas, 1983.

Shukla, Suresh Chandra. (1985), Universities and Centres of Excellence, in J. Veera Raghavan ed., *Higher Education in the Eighties: Opportunities and Objectives*, New Delhi: Lancer International, pp.174-184.

Sichel, D. E. (1997), *The Computer revolution: An Economic Perspective*, Brookings Institution Press, Washington D.C.

Singh, Amrik, (1985), *Redeeming Higher Education: Essays in Educational Policy*, Delhi: Ajanta Publishers, 1985.

Singh, N. (2002), Information Technology as an Engine of Broad-Based Growth in India, in P. Banerjee and F. J. Richter eds., *The Future of India and Indian Business*, Macmillan, London.

Singh, N. (2003), Indias Information Technology Sector: What Contribution to Broader Economic Development? OECD Development Centre, *Technical Paper*, No. 207. March 2003.

Sridharan. E. (1996), *The Political Economy of Indian, Brazilian and South Korean Electronics Industry*, Westport, Connecticut Praeger, 1996.

Stiglitz, J. (1999), Scan globally, reinvent locally: Knowledge infrastructure and the localization of Knowledge, *Global Development Network Keynote Speech Online.*

Tendulkar, Suresh and T N Srinivasan (2003), *India in the World Economy*, New Delhi: Oxford University Press, 2003.

Tomlinson, B. R. (1993), *The Political Economy of the Raj 1914~1947: The*

Economics of Decolonization in India, 이옥순 역, 『인도경제사』, 신구문화사.

Tschang, T. (2001), The Basic Characteristics of Skills and Organizational Capabilities in the Indian Software Industry, Working paper No. 13, ADB Institute, Tokyo.

Tschang, T. (2003), Chinas Software Industry and its implications for India, *Technical Papers*, No. 205 OECD February 2003.

UCTAD (2002), *Changing Dynamics of Global Computer Software and Services Industry: Implications for Developing Countries*, United Nations, New York and Geneva, 2002.

Veer, Peter van der, *Religious Nationalism-Hindus and Muslims in India*, university of California Press, Berkeley, 1997.

World Bank (2000), India: Scientific and Technical Manpower Development in India, *Education Sector Unit, South Asia Region*, August. Report No. 20416-IN.

http://o3. indiatimes.com/Devi_Goda_and_infosys
http://1103 indiatimes.com/amjadkmaruf
http://blog.chosun.com/log,view.screen?blogId=1990&logId=2015053

아시아총서 발간사

출국하는 비행기 안에서 어느 신문을 잠깐 읽었더니, 치우(蚩尤)를 주인공으로 하는 소설이 연재되어 있었다. 이를 보니 떠오르는 지명이 하나 있다. 중국사에 의하면, 세계 최초의 전쟁은 신농(神農)이 부수(斧燧)를 토벌한 전쟁이나, 역사상 손꼽을 만큼 유명한 전쟁은 그 뒤에 일어난 황제(黃帝)와 치우(蚩尤)의 탁록(涿鹿) 싸움이라 한다. 치우가 등장하는 탁록 싸움은 이렇게 시작된다. 약 4~5천 년 전, 산서(山西) 서남부의 황제족(黃帝族)과 염제족(炎帝族)이 융합한 후 황하 양쪽 계곡을 따라 오늘날 화북(華北) 대평원의 서부지대로 뻗어나갔다. 그에 비해서, 하북·산동·안휘 지역의 접경지역에서 흥성하였던 치우(蚩尤)의 구려(九黎)족들은 동쪽에서 서쪽으로 발전하여 나갔다. 드디어 이 두 세력은 탁록(涿鹿)이라는 곳에서 맞닥뜨려 대접전을 치르게 된다. 이 오랜 전쟁은 여러 가지 흥미롭고 풍부한 서사를 후대에 남겼고, 이 싸움에서 승리한 부락 연맹의 수령인 황제(黃帝)는 화하(華夏)족의 공동 조상이 되기에 이른다. 이와 같이, 당시 탁록(涿鹿)은 매우 중요한 군사적 요충지였다.

그런데 인도에도 이와 유사한 전쟁인 오릿사(Orissa) 전쟁이 있다. 기원전 3세기에 마우리아 왕국의 아쇼카 왕이 가링가 왕국을 정복하는 과정에서 오릿사에서 매우 격렬하고 참혹한 전쟁을 치르게 된다. 그러나 후에 이곳은 아쇼카 왕이 우연히 수행승(修行僧)을 만나 불교에 귀의하게 되는 장소가 되었고, 기원전 2세기에는 이 서쪽 지역에서 쟈이나교의 수행자들이 고행(苦行)을 시작하는 곳이 되었다고 한다. 그래서 이곳에는 사찰들이 매우 많다. 인도 국기(國旗)의 가운데에 그려진 바퀴 문양도 이곳 사찰들에 결집된 불전을 의미한다. 이 지역의 지형은 마치 한국의 오대산 자락의 물이 홍천강(洪川江)에 모였다가 바다에 이르는 것과 유사하다고 볼 수 있다. 또한 오릿사 주의 변두리 산악 지역에는 아직도 개발되지 않은 엄청난 철광(鐵鑛)과 석탄(石炭)이 매장되어 있다.

시대가 변한 지금, 앞서 다소 장황하게 언급한 옛 전쟁터는 이제 우리에게 더 이상 전장의 요충지가 아니다. 두 지역 모두, 지금은 옛 전쟁의 흔적을 찾아보기 힘들 정도로, 그야말로 평화로운 바람결 속에 개발의 열기로 뜨거운 곳이다. 만약 우리가 이곳에 진출하기 위해서는 과거와는 다른 전략적인 접근이 요구된다.

예컨대, 오릿사(Orissa)지역에는 POSCO가 포항제철 규모의 제철소를 짓기 위해서 지난 몇 년 동안 준비하고 있다. 인도 내의 규정이나 현지의 정치·사회적 사정을 고려하다 보면, 서두를 수도 없고 거쳐야 할 절차를 피해갈 수도 없다. 게다가 더욱 어려운 점은 한국 사람과는 전혀 다른 현지 주민의 정서를 이해해야 한다는 점이다. 이밖에도 현지의 부정확한 언론 보도, 의사소통의 차이로 인한 대화의 단절 등 해결해야 할 산적한 문제들이 대기하고 있다.

현재 한국 경제를 활성화시킬 수 있는 가장 효과적인 방법들 중의 하나는 유리한 조건에서 각국과의 FTA를 체결하여, 한국에서 생산된 물품들을 세계 각국에 내다파는 것이다. 이는 국내의 실업률 문제도 해결하면서도 우리의 삶의 질도 보장받을 수 있는 방법이다. 그러나 다른 나라들이 이렇게 우리에게 유리한 방식을 그대로 바라보고만 있을 리 없다. 그렇기 때문에 우리가 외국으로 진출할 때 어느 정도 난관에 봉착하리라는 것을 예상할 수 있다. 이러한 어려운 상황 속에서 우리가 기억해야 할 점은 정치·경제적으로 진출하려고 하는 대상 국가를 전략적으로 적절히 선정하는 것은 물론, 그렇게 선정된 국가에 대해서는 철저하고 구체적인 사전 조사가 선행되어야 한다는 것이다. 예를 들어, 개별적인 진출보다는 선단형(船團型) 진출 방식과 같은 최근의 대응 방식의 변화에도 주목해야 할 것이다.

우리에게는 외국에 진출할만한 남아있는 분야가 한정되어 있다고 해도 과언이 아니다. 전술한 바와 같이, 어느 한 분야의 개개 기업이 진출하는 것은 결코 바람직하지 않다. 공략할 국가 및 지역 선정에서도 그러하다. 이제 남아있는 방법은 대상 지역의 특수성을 고려하여 기업과의 협력 하에 진출하는 시장이다. 즉 적어도 항구 하나라도 좋은 조건을 갖추고 있는 곳이나, 아직은 외국기업이 많이 들어가 있지 않은 곳이면 적절하다 하겠다. 가령, 인도의 오릿사 주(州)의 바로 남쪽에 있는 Andhra Pradesh 주(州) Vishakhapatnam 시(市)는 인구 300만 도시인데, 천혜(天惠)의 항구를 가지고 있는 곳으로 유명하다. 이곳에서 한국 기업에 여러 가지 좋은 조건을 제시한다면, 우리들이 그곳으로 진출할 수 있는 여지가 있다. 어느 하나의 기업이 아니라 대단위 기업들이 선단형으로 진출하되, 부품 공장 및 그 부속업체는 물론, 한국 노동자들을 위한 한국의 생필품을 공급하는 가게나 식당마저도 함께 진출할 수 있어야 한다.

누차 말씀 드린 바와 같이, 본 연구소는 아시아 각 지역에 대한 연구를 촉진하고자 설립되었으며, 특히 중국과 인도에 중점을 두고 있다. 중국에 관한 연구는 최근 40여 년 동안 많은 진전을 이룩했지만, 다른 나라에 비해서는 아직도 다루어지지 않고 있는 분야가 꽤 남아있다. 인도에 관련해서는 문학·철학·종교·미술 및 요가 등의 분야에서 이미 세계적인 수준의 성과를 이룩하고 있다고 자랑할 만하다. 그러나 그 밖에 사회 각 분야와 관련된 내용에 대해서는 활용할 만한 자료가 턱없이 부족하다. 이는 마치 잘 만들어진 두상(頭像)에 비해 몸통과 사지 등 전신의 모습을 다듬어내지 못하는 조각상과 같다.

앞으로, 본 연구소에서는 아시아 각 지역을 보다 심도 있게 이해하기 위해서 꼭 출판되어야 할 학술적 도서를 선정하여 출판하고자 한다. 각 분야를 세분하여 골고루 다루면서도 전체적으로 커다란 윤곽을 그릴 수 있도록 기획할 것이다. 이와 같은 학술적인 연구 성과도 중요하지만, 우리의 연구들이 사회적 필요와 요구를 반영하여 정책 결정과 실행에 실질적으로 도움을 줄 수 있는 자료로서의 역할도 해 나갈 것이다.

현재, 한국에는 몇몇 주요 기업들에 산하 연구소들을 두고 있다. 이들은 풍부한 자본과 훌륭한 인력을 바탕으로 해외지역에 대한 상당한 정보력을 구축하고 있다. 그러나 기업체들이 갖고 있는 훌륭한 정보력은 서로 공유되거나 사회에 제공되지 않는다. 이들 기업 연구소는 태생적으로 자사 기업의 이익을 위해 헌신하는 경쟁적 마인드에 기초하기 때문이다. 따라서 구축된 양질의 정보는 사회 전체에 환원되거나 공유되지 않는다.

이러한 점에서 공적 기관으로서 대학 부설 연구소의 육성과 발전은 의미를 지닌다. 연구 주제에 대한 학술적 수행은 물론, 축적된 연구 성과로부터 도출되는 가상 이익을 사회에 환원시키며, 정보가 필요한 누구에게든지 자료를 제공하기 때문이다. 이것이 어쩌면 사회에서 필요로 하는 내용을 서비스하는 실천이며, 사회에 기여하는 첫걸음이라고 할 것이다.

이러한 비전과 긍지를 갖고, 우리 연구소는 향후 10년 동안 아시아 지역과 관련한 도서를 50권 정도 출간할 계획에 있다. 이러한 서적들은 우리들이 세계를 이해하고 세계로 진출할 수 있는 이론적 초석이 될 것으로 믿어 의심치 않는다. 적어도 우리의 다음 세대가 이 세계에서 풍요롭고 희망차게 살아가는 데, 서로가 도울 수 있는 방안이 그 가운데에 배어있기를 기대하는 바이다.

앞으로 본 연구소가 추진하는 아시아총서가 사회 각지에 좋은 기여를 할 수 있도록 최선을 다할 것이다.

2009년 5월
인도 오릿사에서
경북대학교 아시아연구소
소장 임대희(任大熙)

정동현

부산대학교 경제학과 교수
인도 네루대(JNU) 객원교수 역임 (한국의 사회와 문화, 한국의 경제발전 강의)

<저서>
동아시아 경제발전론 (공저), 세종출판사, (1999)
글로벌화와 현대자본주의의 변화 (공저), 부산대학교 출판부, (1999)
동아시아 경제 발전의 역사와 전망 (공저), 부산대학교 출판부, (2001.02)
전환기의 세계경제 (공저), 부산대학교 출판부, (2001.08)
글로벌화 – 현대 자본주의의 변모와 한국경제의 대응 (공저), 부산대학교 출판
　　부, (2001.08)
격랑의 세월 인도에 닻을 내리고, 나무와 숲, (2003)
21세기 세계경제의 두 거인 – 중국과 인도 (공저), 부산대학교 출판부, (2006)

인도의 사회와 경제

초판 인쇄일: 2009년 5월 20일 / 초판 발행일: 2009년 5월 25일
기획: 경북대학교 아시아연구소(CASKNU) / 지은이: 정동현
발행인: 김선경 / 발행처: 도서출판 서경문화사
등록번호: 제1-1664호 / 주소: 서울 종로구 동숭동 199-15(105호)
전화: 743-8203, 8205 / 팩스: 743-8210 / 메일: sk8203@chol.com

ISBN 978-89-6062-044-5　　94910

*파본은 본사나 구입처에서 교환하여 드립니다.
정가 13,000원